Women Investments

女人的幸福投資學

方子君 編著

每個女
都是
公

提到「投資學」，我們更容易聯想到商業投資。其實，最理
最有價值的投資，並非通過投資獲得財富，而是投資自己——把自
當作一家公司來經營，把自己當成一個企業來投資。

身為現代人，身處瞬息萬變與腳步匆忙的時代，我們的生活規劃
常常趕不上時代和觀念的變化。但這　　又有什麼關係？只要
我們懂得投資自己，讓自己時時刻刻　　都在成長和進
步，對自己進行持續的投資和經營，　　就會越活越有
信心——對自己好　　的最好方　　式，就是投資自己。

俗話　　說：「男人追求的極致是
成功，女　　人追求的極致是幸福。」
假如　　女人活著的終極目的是幸
愛　　終極的幸福，那麼如何追求、如
何　　投資自己，就是一門女人們所不
能　　錯過的　　必修課了。

她　　們不斷學習、不斷昇華自己的層次、不斷追尋自我的
進步，一直到生命的終點——也許她們不是傾國傾城的絕世佳人，但
不可否認的是，她們令人無法移開緊緊追著她們的目光，那正是她們
的幸福，是她們美麗且吸引人的秘訣。

當妳能微笑走向世界，追尋幸福的時候，所有的艱辛和磨難非但無法將妳打倒，反而都將化作一塊塊讓妳能更加平穩前進的踏腳石。

忙，不是
放棄美麗
的理由

當一個人能以微笑勇敢面對困難時，命運最終也會還給他一抹微笑。

自信是寶貴的資本，
值得為它投資

當一個快樂的女
Women Investme

女人的幸福與美麗關係不大，她們的美麗來自她們相信自己的自信。

■ 打開心窗，讓幸福的光芒灑

人生視野系列：25

女人的幸福投資學

編著◇方子君

出 版 者◇大拓文化事業有限公司

執行編輯◇余敏齊

美術編輯◇林于婷

社址◇22103 新北市汐止區大同路三段 194 號 9 樓之 1

TEL◇(02)86473663

FAX◇(02)86473660

總經銷◇永續圖書有限公司

劃撥帳號◇18669219

地址◇22103 新北市汐止區大同路三段 194 號 9 樓之 1

TEL◇(02)86473663

FAX◇(02)86473660

E-mail◇yungjiuh@ms45.hinet.net

網址◇www.foreverbooks.com.tw

法律顧問◇中天國際法律事務所　涂成樞律師、周金成律師

CVS代理◇美璟文化有限公司

TEL◇(02)27239968

FAX◇(02)27239668

出版日◇ 2012年03月

國家圖書館出版品預行編目資料

女人的幸福投資學 / 方子君編著. -- 初版.

-- 新北市 : 大拓文化, 民101.03

面；　公分. -- (人生視野系列 ; 25)

ISBN 978-986-6145-53-7(平裝)

1.成功法 2.生活指導 3.女性

177.2　　　　101000154

前言

提到「投資學」，我們很容易聯想到商業投資。其實，最理想且最有價值的投資，並非透過投資獲得財富，而是投資自己——把自己當作一家公司來經營，把自己當成一個企業來投資。

身為現代人，身處瞬息萬變與腳步匆忙的時代，我們的生涯規劃常常趕不上時代和觀念的變化。但這又有什麼關係?只要我們懂得投資自己，讓自己時時刻刻都在成長和進步，對自己進行持續的投資和經營，就會越活越有信心——對自己好的最好方式，就是投資自己。

俗話說：「男人追求的極致是成功，女人追求的極致是幸福。」

假如女人活著的終極目的是享受終極的幸福，那麼如何追求、如何投資自己，就是一門女人們所不能錯過的必修課了。

生於現代社會的女人們，擁有比以前更大的壓力。為了更好的生活、為了更多的財富、為了更高的社會地位……為了這些，她們消耗生命，拼命爭取，擁有的越來越多，但享受幸福的也越來越少。我們也許必須為了更好的物質生活拼命，但也不能忘記，要適時停下腳步，細細品味生命本身，同時也找尋專屬自己的幸福。

幸福投資第一步 心態

幸福投資第二步　姿態

幸福投資第二步　氣質

幸福投資第四步 談吐

幸福投資第一步　心態

心態是一道橫在人生路上的雙向門。人們可以把它轉到一邊，進入成功；轉到另一邊，進入失敗。

自信是寶貴的資本，值得為它投資

自信，源自每個人的內心深處。每個人都有不自信的一面，但有人選擇正視，有人則選擇逃避。正視不自信的人，選擇揚長避短，選擇循序漸進、化整為零，慢慢將頹勢扭轉；習慣逃避的人，恨不得把自己關在自己築起的高塔裡，背負所有壓力，在不安中靜止，甚至倒退。

內心的自信對於女人來說，在人際交往、家庭、事業，以及工作上都非常重要。只要相信自己，他人就會相信妳。大文豪莎士比亞曾經這樣說過：「對自己都不信任，還會信任什麼真理？」，而挪威劇作家易卜生，也曾說過：「如果你懷疑自己，那麼你的立足點確實不穩固了。」假如連自己都不信任自己，又要他人站在什麼立場來相信妳呢？

有一個關於自信的故事是這樣說的：一位心理學家從一班大學生中，挑選出一個最愚笨、最不討人喜歡的女孩，並要求她的同學們改變以往對她的看法。在那之後，大家都爭先恐後地照顧這名女孩，向她獻殷勤、陪她回家，大家都假裝自己是打從心底認為她是位漂亮而聰慧的女孩。

結果不到一年，除了這位女孩的發展好得出人意料之外，連她的舉止也和從前判若兩人。日後，她對人們說，她獲得了「新生」。

確實，故事裡的女孩並沒有變成另一個人。然而從她身上展現出每一個人都蘊含的潛質——自信，卻讓她整個人煥然一新。

名為「自信」的美，只有在我們相信自己，周圍的所有人也都相信我們、愛護我們的時候才會展現出來。自信是個非常奇妙的東西，它甚至可以創造奇蹟。像是仙女的魔法棒，可以驅散空中的烏雲和心中的陰霾，讓妳打從心底真正快樂起來；像是永遠閃耀在黑暗天空中的北極星，無論妳在哪裡迷失，它都會指引妳前進；像是可以與人分享的糖果，每個人都會因此而歡欣雀躍……獨樂樂不如眾樂樂，與人共享快樂，是能讓快樂加成的。

自信就是這樣，可以點亮人們心中的火光，讓生活變得如此美好。只要相信，就能看見幸福的綠光。如果連自己都不相信，他人該如何對妳建立信任？如果連自己都不相信，他人又該憑什麼相信妳呢？

在文學名著《簡愛》中，財大氣粗、性格孤僻的莊園主羅傑斯特，怎麼會愛上地位低下而又其貌不揚的家庭教師簡愛呢？那是因為她自信自尊，富有人格魅力。當主人羅傑斯特向她吼道：「我有權蔑視妳！」的時候，歷經磨難的簡愛，用充滿自信和沉穩的鎮靜回答他：「你以為我窮、不好看，就沒有感情嗎？……我們的精神是平等的，就如同你和我將經過墳墓，同樣地站在上帝面前。」正是這種自信而沉穩的氣質，使她獲得了羅傑斯特由衷的敬佩和深深的愛戀。

簡愛這個看似平凡的女人，之所以能夠一次又一次觸動各個讀者心靈的理由，正是因為她的自信。她憑著這股力量，使自己的人格魅力得以充分展現。

如果妳自認是個相貌平平的人，請別繼續為妳的外貌煩惱——因為充分的自信將成就迷人的個性。為自己增加幾分自信，妳便增加了幾分魅力。美麗的外貌終將因時光的流逝而漸趨黯淡，但是由內而生的自然魅力則會與日俱增，這才是女人真正的美麗泉源。從容與自信所賦予女性的光彩，永遠不會因為時間而有所改變，它們甚至會因生命中的歷練、因智慧增長而不斷增添光彩，而這也正是女性魅力得以長久的奧秘所在。

敏是位非常聰慧的女人。然而，遺憾的是，慧中有餘而秀外不足。她有一張不論身子如何纖瘦，也顯得滿滿盈盈的國字臉，眉眼疏淡，身材是猶如男孩般的倒三角形體格——怎麼樣也談不上是個漂亮的女人。大多數女人如果擁有如她一般的樣貌，肯定會心灰意冷，自卑得不敢直視鏡中的自己。

可是，敏卻像所有美麗的女人一樣自信——雖然她偶爾也會對鏡自嘲是「陰錯陽差」。但鏡前的她活得快樂、瀟脫，生活充實得令人羨慕。外表不美麗的她，懂得美麗的訣竅。一頭飄逸長髮掩去半邊嫌闊的臉，寬鬆的上衣搭上緊身牛仔褲，突顯她修長的雙腿。她勤走圖書館，寫文章、學鋼琴、玩設計，生活遠比許多只有外表漂亮的女人更加充實。正因她渾身洋溢著青春的活力和自信的魅力，在不知不覺中，她吸引了許多出色的男人。她現在的男朋友，就是一位曾令不少女孩傾心的研究生。

曾經有人問起敏的魅力法則，她笑笑地回答：「不管妳外貌如何，擁有充分的自信，就能展現十足的美麗。」

一個女人的自信與否，遠比她長得如何重要得多——敏正是因為擁有自信，而令人為之心動。能自信面對人生的人，會讓人感覺如沐春風。因為自信而嶄露的微笑和產生的活力，具有渲染人群的力量。自信除了能讓人更美麗，也能讓自己更討人喜歡。

每個女人都擁有一份專屬自己的魅力，但自卑、缺乏自信，卻掩蓋了妳的優點和長處。只有相信自己，才能激發進取的勇氣，才能感受生活的快樂，才能徹底發揮自身的潛力。哪怕妳是一個非常平凡的女人，只要對生活充滿信心，總有一天，在人生的舞臺上，也將會是最閃亮的明星。要記住，自信的女人最美麗。

心有多大，幸福就有多大

在生活中，我們總會理所當然地享受別人給予的寬容和慰藉。在我們感到難堪、難過的時候，他人的寬容和慰藉為我們化解尷尬，使我們感受人心的溫暖與美好；可是，當我們受到委屈、不公平的待遇，因為不順心的事情感到氣惱時，我們不僅忘了應該給予別人寬容的微笑，還用刻薄的言語、誇張的動作來表達我們的憤怒和所受的傷害，完全將寬容拋諸腦後。

寬容是一種十分美好的品德，更是一個人修養良好的表現。對女人來說，寬容不僅是美德，更是修養。它是一劑良藥，是最好的美容聖品。寬容除了使女人的心胸更加寬廣，使笑容更為真誠迷人，還能將人生的境界提高到一個新的高度。

寬容可以讓人在難過的時候重新找回快樂，在受委屈時依然淡定自若，在遭受打擊時依然堅韌頑強……在歷練的過程中，女人會變得更加成熟，更加豁達，終能成為一個不被任何困境打倒的女神。

所有聰明的女人都懂得寬容的力量。不管是在家庭、婚姻生活中，還是在學習、工作中，寬容的女人總會讓身邊的人覺得輕鬆、覺得開心，總能讓身邊的人感受到她的溫柔與善意。

寫出無數浪漫作品的瓊瑤，就是一個十分聰明、也十分寬容的女人。

多年前，瓊瑤的丈夫要到遠處開會，想到旅途無聊寂寞，便徵求瓊瑤的意見，希望她能一路同行。瓊瑤欣然允諾，並邀請妹妹和她的男友同行。出發那天，下著傾盆大雨。天雨路滑，外加大雨造成駕駛視線不佳，他們不幸出了車禍。瓊瑤的妹妹脾臟破裂，被緊急送往醫院；瓊瑤本人則被車窗破裂所散落的碎玻璃割得遍體鱗傷；她的丈夫也雙腳骨折。瓊瑤的丈夫看著親人因為自己而身受重傷，心裡十分內疚，也十分後悔邀請親人同行。

就在丈夫自責、難過的時候，瓊瑤艱難地挪動腳步到了他的床前。此時，她丈夫心裡除了懊悔，也十分害怕。心想她肯定是來責怪自己了，畢竟，因為自己，傷害了她、傷害了她妹妹一家人。萬一瓊瑤的妹妹有個三長兩短，他該如何向她妹妹的親人交代？人命關天，這並不是幾句道歉就能得到原諒的小事啊！

然而，讓他感到意外的是，瓊瑤對他並沒有任何責備，只是對他說：「車禍是常有的事，大家平安就好，受點傷沒有什麼了不起，千萬不要自責。」她是那麼體貼、那麼溫柔，他無言以對，心中只有一個想法：「這輩子，我們分不開了。」

這次車禍，是瓊瑤與丈夫一起遭遇的第一場大災難。她用寬容的心，幫助丈夫調整好心態，並在之後繼續攜手前行。往後，當他們遭逢大大小小的災難，她們都能在相互的寬容和諒解中平安度過。擁有寬容心懷的瓊瑤總是讓丈夫心疼，同時也感激不已。她們的婚姻因寬容而融洽，也因寬容而堅韌，不管面對任何困難，她們總能攜手解決。

瓊瑤是聰明的，她用自己的寬容一次次撫慰著丈夫受傷的心，同時，也正因她的寬容，使她的婚姻能夠走過一道道關卡。寬容的她，除了適時給予丈夫溫柔的撫慰，同時也給了自己一份永恆的幸福。

與瓊瑤一樣懂得寬容之道的還有林鳳嬌。

林鳳嬌，前金馬影后，愛上成龍，與成龍同居，不久後生下兒子房祖名。有了愛情結晶後，林鳳嬌就放棄了前景一片看好的演藝事業，息影做了成龍祕而不宣的太太。

一九九九年十月發生的「小龍女」事件令她心痛，丈夫過去的承諾在瞬間化作碎片，一片片劃在心上，即便心在淌血，她卻仍然選擇給予寬容。這讓成龍相信，她是深深愛著他的人，而非他的名聲和金錢。

二○○五年五月，成龍為林鳳嬌舉辦了盛大的生日派對，送了一輛價值兩百萬港幣的勞斯萊斯轎車作為生日禮物，並宣佈林鳳嬌為自己億萬身家的合法繼承人。

無數事實證明，在婚姻、愛情裡，美貌、金錢、地位等條件，都難以作為維繫情感的最主要因素，但寬容卻可以。不是只有名人能夠做到寬容。要知道，身為名人的女人除了對愛情付出、對家庭付出，還需要付出許多我們所無法想像的代價。名人的世界裡，有著難以想像的陷阱與誘惑，她們無法隨心所欲地過自己想要的生活，因為她們的一切都是被人們拿著放大鏡檢視的。在這樣艱困險惡的環境裡，要獲得幸福實屬得來不易。但她們依舊能夠用寬容的心，堅持走自己的路，細心維護這難得的情感，這樣的胸懷，則比她們那一身的榮華富貴與顯赫地位更加難得，這樣的精神確實值得學習。

寬容的女人通常都不容易發脾氣。她們不會隨便鬧情緒，更不會與別人起衝突。是否想過，當我們遇到問題，歇斯底里地發怒時，為何她們能夠如此的寬容豁達地面對困境？因為她們擁有寬廣的胸懷。寬容使她們心裡覺得自由、美好，使她們的心態永遠健康，使她們處事淡然、不計較……這些都是寬容帶來的。

寬容給了她們一個快樂的人生，同時，也給了她們周圍的人一份輕鬆的心情。寬容的女人，能因為寬容成就婚姻的美滿、使家庭幸福和睦、得到能與之交新的知己好友，甚至能因寬容收穫一輩子的幸福。

用樂觀的心態照亮自己

中國清代劇作家，李漁曾經說過：「樂不在外而在心，心以為樂，則是境皆樂，心以為苦，則無境不苦。」意思是說幸福與不幸福、快樂與不快樂，並不是當下的一種狀態，而是一種態度，一種源自於內心深處對待生活的態度。

我們都知道人生不如意十之八九，不管對誰來說，生活都不會是一帆風順的。生活中，總有大小瑣事不斷困擾著我們。可是，任何事物都是具有正反兩面的——很多時候，我們改變不了事實、改變不了他人，當然也改變不了環境。我們唯一能改變的，是我們的態度。我們控制不了他人，卻可以改變自己。許多想不透的事情，換個角度想也許就能豁然開朗。

對於女人而言，這個道理尤其重要。世界上沒有十全十美的女人，但即使不完美，每個女人也都有著專屬自己的獨特美麗。在我們徹底了解自己以前，也許這些美都會被生活困擾著我們的瑣事所蒙蔽。所以我們要學著瞭解與欣賞自己，從裡到外，由外表到內在。真正的快樂源於內心，發自內心地喜歡自己，進而發現自己的美，才能找到真正的快樂，散發專屬自己的光采。

樂觀的女人，對人群而言，是散發和煦溫柔的太陽、是輕拂過面龐的涼爽清風，不易造成人們的心理壓力，甚至會成為人群聚焦的對象。世界上沒有永遠的晴天，正如同沒有人能無憂無慮地過完一輩子。一個樂觀聰明的女人懂得去尋找快樂，並放大快樂來驅散憂愁；一個樂觀的女人明白簡單生活就是快樂，她會用最簡單的方式處理複雜的事，不會為自己和他人設置心理障礙，她會定期消除心裡的垃圾，不會讓瑣碎的小事雜陳心頭。

女人可以不美麗，但一定要樂觀。保持樂觀，並將之傳達給周圍的人，這種快樂的氣氛會渲染，它將讓妳的世界變得柔和溫暖。女人應該學習自己創造快樂，而不是等待別人給予快樂。女人應該建立自己的社會圈，也許自己購物、健身、旅遊，隨時隨地充實自我，讓自己活得更有價值，將會獲得比以往更多的快樂，也更有能力將快樂傳達給身邊的人，營造出一個輕鬆樂活的氛圍。

樂觀的女人不會吝嗇自己的笑，自然的恬淡笑容令人如沐春風，連帶削減了社會的冰冷，帶給周遭的人一絲溫暖。樂觀女人的「動」，是一首輕巧的舞曲，給人輕快活潑的動力；樂觀女人的「靜」，猶如無風的湖面，平靜而安穩。樂觀的女人更加大度、通情達理、善解人意，她們會用女人特有的寬厚、細膩、善意去寬容別人、接納別人、感覺別人。她們比起悲觀的女人更加自信、堅韌，不會輕易被挫折傷痛所擊倒、不會桎梏於淒美的文字和傷感的音樂裡，更不會反覆沉溺於過去，沉迷在戚切的自艾自憐裡。她們眼中的藍天更高、更廣，世界更大、更美，沒有什麼是被限制、被討厭的。只因寬容，她們擁有更多美好。

樂觀的女人比悲觀的女人更加可人。就像某本心理學書籍中的一段話：「一個人若認為自己處於某種狀態，他就會不自覺地順從於這種狀態，進而讓自己呈現這種狀態。」

當個樂觀的女人，不要把自己的情緒建立在別人的行為上，不要拿別人的過錯來懲罰自己。不要因為孩子闖了些小禍就愁眉苦臉、不要因為工作的不如意而垂頭喪氣、不要因為老公偶爾脫線就疑神疑鬼。

倘若女人是美麗的鮮花，樂觀則是供與其生命的泉水，開朗的心態則是一抹暖陽，它們讓女人更添美麗光彩，更加亮眼動人。積極的生活態度和無時無刻的樂觀，使女人變得多采多姿，饒富活力。

因此，不論面對什麼樣的環境，女人都要有顆積極進取的心，有個樂觀向上的態度，不僅能讓自己快樂起來，周圍的人也會因妳而感到輕鬆快樂。妳是閃亮的星，不要讓悲觀的陰影遮蔽了妳應該顯露的光芒。

打開心窗，讓幸福的光芒灑落

人生路上有多種風情，有風和日麗，也有陰雨霏霏。有的人只看到生活中的黑暗面，怎麼樣都看不見光明面；而有一種人，卻總是保持著樂觀的正面心態，積極面對生活，這樣的人，總擁有無法言喻的魅力。

擁有陽光性格的女人，她的快樂並不是因為擁有了全世界，而是滿足並珍惜她所擁有的一切。她們知道，生命並非永遠都是一帆風順的，但她們總用積極的心態面對迎面而來的困境。一位哲人說過：「你的心態就是你真正的主人。」生活有無限可能，也許風平浪靜，也許大風大浪，沒有人能預料未來會發生什麼事；但若能以良好樂觀的心態面對生活，每天都將是個好日子。

有一個嗜酒如命的人，除了天天到酒店喝酒，還染上毒癮。後來，他因為殺了一個酒保而被判處死刑。這個人有兩個女兒，年齡相差一歲。妹妹年紀輕輕就染上嚴重的毒癮，靠偷竊和勒索為生，最終也因犯罪坐了牢；姐姐卻和妹妹截然不同，她擔任一家大企業的分公司經理，有著美滿的婚姻和三個可愛的孩子，從來沒有任何不良紀錄，更別提吸毒。她們擁有同一個父親，在完全相同的環境下成長，為什麼兩人卻擁有這樣天差地別的命運呢？當記者採訪她們，妹妹認為自己因為這樣的父親，絕對沒什麼前途，因此自甘墮落。而姐姐則認為，父親的所作所為已是無法改變的事實，但父親和自己是不同的兩個個體，他的行為並不影響自己存在的價值，因此她要努力以自己的力量改變自己的命運。

這就是差別。心態不同，命運就會不同。在生活中，我們總說有什麼樣的環境就會造就什麼樣的人生，但透過這則故事，我們可以得知，其實決定自己人生的並不是環境，而是我們面對生活的心態。沒有積極樂觀的心態，不管一個人的能力再好，都很難取得成功。良好的心態擁有巨大的能量，它也能為妳產生動力與助力。在想著如何追求幸福之前，不如先讓自己擁有一個樂觀積極的心態吧。

從前有個老太太，她的鄰居和她同齡，兩人是認識多年的好友。她們共同慶祝七十大壽時，鄰居認為七十歲已是高齡，生命也差不多走到了盡頭，因此她決定待在家裡，不去想死亡以外的其他可能，就這樣安然度過餘生。期間，她為自己安排後事，而她也真的在慶生會後不久過世。

與鄰居相反，老太太認為一個人能做什麼事，並不取決於年齡大小，而在於自己的想法。她認為七十歲也能是一個開始，而非結束。於是她開始學習爬山，她爬過許多山，其中有幾座還是世界上有名的高山。更令人意外的是，這位老太太在她九十五歲高齡時，還登上了日本的富士山，打破了攀登此山年齡最高的紀錄。她就是著名的胡達‧克魯斯。

同樣的年齡心態卻不同，一個是積極的，一個卻是消極的。一個消極地安排後事，然後在不久後就撒手人寰；一個則積極向上，不僅活得健康光彩，甚至締造了世界記錄。

不管年紀多大，保持積極向上的心態，成就陽光活潑的性格，終能讓自己展現美麗的光采。人生苦短，選擇快樂並無悔地認真過每一天才是明智的選擇。幸福與否決定於妳的心態，學著樂觀、積極，推開緊閉的心房，讓幸福的光芒灑落。

用微笑面對挫折和困境

原本默默無聞的十七歲中國體操隊隊員桑蘭，在一九九八年因為一場意外，成為了世界關注的焦點。

一九九八年，紐約友好運動會上，桑蘭遭逢一場引起世界關注的意外。當桑蘭正在進行跳馬比賽的賽前熱身時，她起跳的那一瞬間，外隊一名教練在跳馬器材前探頭，干擾了她。因突如其來的干擾，她的動作出現失誤，整個人就從高空重重摔到地上，更糟的是，她的頭部先著地。

這個柔弱的女孩，在遭受如此重大的變故後卻表現出難得的堅毅。她的主治醫生說：「桑蘭表現得非常勇敢。她從沒抱怨過什麼，對她，我能找到最貼切的詞彙就是『勇氣』。」

即使知道自己再也站不起來這令人哀痛的事實，她也從未後悔練體操。她說，她對自己有信心，而且永遠都不會放棄自己。這就是桑蘭的勇敢——面對困難，她沒有傷心落淚，沒有放棄自己；而是勇敢地給了困難一個微笑，也給自己足夠的勇氣去面對。

堅強、樂觀的桑蘭，因為這場災難，在美國一夕成名。桑蘭微笑面對困難的勇氣，更是感動了知道這則故事的所有人。民眾紛紛湧入醫院、捎來訊息，讓她知道，全世界都在為這個勇敢的女孩加油打氣。

為什麼原本默默無名的桑蘭會有如此大的感染力呢？想必是因為她擁有能用微笑面對困境的勇氣。在巨大的困難與意外面前，她一個十七歲的小女孩，之所以能用出人意料的成熟和堅韌，平靜地面對這一場嚴重災難的主因，正是樂觀和積極的態度。曾經有人說過：「微笑可以應付一切表情。」的確如此，因為每個微笑都飽含生機。只要一個人還能微笑，那就代表他的心裡還有希望。

對於一個女人來說，能夠微笑面對生活中的起起落落、能夠以微笑面對周圍的人、能夠以微笑面對周圍的流言蜚語，能夠在逆境中堅持、在惡語中淡定，這樣的女人絕對是最美、最堅強的女人。

微笑是一種恬淡、一種自信，也是一種執著。微笑擁有很強的渲染能力，它能帶給周遭的人一派輕鬆氛圍，所謂「笑一笑，十年少」，意謂著它同時也能給人活力、讓青春永駐。

微笑是生活最好的潤滑劑，讓人暫時忘卻負擔和沉重。女人的微笑，表露著幸福。即使身處逆境，她嘴角的一抹微笑也正告訴世界，不管什麼都阻擋不了她追逐幸福的決心。她將對幸福的渴望和爭取幸福的勇氣表露在微笑上，告訴世人，她是逆境打不倒的人。

一個女人如果能夠平心靜氣，那她的臉上必定常掛微笑。因為在她平靜的心裡，沒什麼事情是過不去的。當妳能微笑走向世界，追尋幸福的時候，所有的艱辛和磨難非但無法將妳打倒，反而都將化作一塊塊讓妳能更加平穩前進的踏腳石。一抹淡淡的微笑，就是一個女人對付困難和挑戰的最有力武器。這種武器的力量是無窮無盡的，它將帶著妳勇敢地面對生命的種種磨練，陪妳向更好的自己前進。

有一個女人，她在包包裡放了一面鏡子。她時常看著那面鏡子，不管是空閒的時候、身心俱疲的時候、遭受挫折的時候……她常會對著手心中，鏡子裡的自己微笑。在外人看來，愛照鏡子的她或許很自戀；又或者，認為這個時常掛著微笑的女人肯定很幸福。但其實，攬鏡自照的她，只是個勇敢堅強的女人。

三年前，她不幸得了乳腺癌。為了繼續生活下去，她做了乳房切除手術。然而，就在她剛完成手術時，那曾經一起許下山盟海誓的丈夫就和她離婚了。她獨自一人，帶著只有五歲的女兒生活。遭逢劇變的她有很長一段時間天天以淚洗面，成天垂頭喪氣，怎麼樣都無法振作精神。她說，那時候的天空看起來都是灰色的。

有一天，她獨自站在鏡子前，鏡中映出一張陌生的臉。那張蒼白的臉沒有一絲血色，眼神也變得呆板茫然。她嚇了一大跳，根本不敢相信那是自己的臉。她努力逼自己擠出一絲微笑，看著鏡中不自然笑著的自己，才終於相信鏡中人正是自己。看著鏡中因為頹喪的生活而失了本來面目的自己，她對著鏡子練習微笑，試圖在鏡中找回過去那年輕漂亮的自己。她笑了又笑，一個微笑接著一個，從不自然的僵硬微笑到過去自然洋溢在臉龐的溫和笑容，她在微笑中找回了差點消失的自己。

找回微笑之後，她整個人變得神采奕奕，臉上又有了活力的光彩。她告訴自己，就算沒有丈夫，她也依舊可以好好生活下去。自己的生命是掌握在自己手中的，如果連自己都放棄了，又有誰能幫助自己走出陰霾呢。

那次之後，她就決定要多對自己微笑、多給自己一些鼓勵，只要一看到自己的微笑就會想起當年走出傷痛的過程，不管多累、多傷心，相信都能再靠自己的力量重新站起來。她用業餘時間創作文學，發表了許多文學作品，也收到大量的讀者來信，她活得越來越充實，工作上的表現也越來越出色。那抹時常出現在臉上的微笑也為她招來好人緣——這就是微笑的力量。

當一個人能以微笑勇敢面對困難時，命運最終也會還給她一抹微笑。

當一個快樂的女人

一個小孩拖著比自己身體還高的大提琴，在走廊上踏著輕快頑皮的步伐，心情顯然好極了。一位長者看了，對孩子問道：「孩子，你這麼高興，是不是剛演奏完大提琴？」小孩的腳步並沒有停下，他笑著回應長者：「不，我正要去演奏。」

故事裡的孩子，懂得一個許多大人不懂的道理——把妳需要做的事情當作一件快樂的事情，而不是妳不得不做、必須忍受的工作。

如果能快樂地工作、快樂地生活，妳眼中的世界絕對不會一樣。時常聽人說「快樂很難」，但事實上，快樂很簡單。之所以覺得難以快樂，是因為我們總會放大生活中所受到的傷痛，讓自己沉浸在悲傷的情緒之中。

但既然不管如何哀悼悲慟，都無法否認傷害造成，都改變不了命運艱辛，避免不了人心險惡……那又何必跟自己過不去呢?笑一個，然後勇敢面對，生命會更加美好。

女人是非常細膩的動物。比起男人，女人也更敏感、脆弱，容易擔心——要她們快樂，其實更難。但一個人開心與否，只在於那個人如何看待自己的心。快樂是一種樸實的情感，存在於生活中的點點滴滴。一個微笑、一聲問候、一個會心的眼神……都是讓人感到快樂的事。

沒有不會遭受挫折與磨難的人生，這一生我們都會經歷許多風雨和變數，如何看待這些命運的磨練，將會決定妳的人生高度。在經歷痛苦的時候總會有一些朋友不時地給予妳關心和照顧，人生百態，也有酸甜苦辣，這些都是妳應該看到的快樂與幸福。人生在世，不要讓自己短短幾十年的光陰在悲歎哀戚中度過，而是要以一種樂觀積極的心態去尋找快樂。這樣才能讓自己過得更有意義。不要把自己的快樂封閉，讓自己真正的成為一個快樂的人吧。

世界上沒有完美，幸福亦然。但只要妳有一顆肯快樂的心，就一定能夠看到幸福的所在。妳必須掌控好自己的心舵，下達命令，來支配自己的命運，尋找自己的快樂。只有具備淡然如雲、微笑如花的人生態度，任何困難和不幸才能淬煉成通向平穩的階梯。

如果妳是一個具有陽光性格的女人，那麼任何微小的快樂，都會隨時隨地感染別人，驅散身邊的黯淡。快樂是一種會傳染的情緒，它在不經意間浸透到妳我的心中，讓我們感覺到陽光的明媚。帶著這種快樂的心情去生活，這世界也將充滿色彩。

一位老太太，患了一種十分疼痛的疾病，丈夫不管用什麼辦法都無法解除她的痛苦。看著老太太受病痛折磨自己卻無能為力，她的丈夫心急了。突然，他想起擁有一副好歌喉的老太太喜歡唱歌，於是他試著對她唱起了歌，希望能緩解她的痛苦。沒想到，不管什麼神醫妙藥都解除不了的苦痛，卻因為一首首歌曲而得到緩解，這讓老太太的丈夫十分欣喜。他為了老太太，每天學新歌唱給老太太聽，老太太聽到喜歡的歌曲就跟著學、跟著唱，在快樂的歌聲中，老太太漸漸忘了疾病帶來的疼痛。

能快樂地活著，是一種幸福。但如果能成為一個有能力分享快樂的人，將快樂帶給別人，讓別人和自己一樣快樂，豈不是更大的幸福？人生的意義就在於能製造幸福，為自己，也為他人，因為他人在接受妳的快樂的同時也會用他們的快樂來回饋妳。所以，在工作中、在生活中，我們要學會以一顆快樂的心去感染別人，讓快樂洋溢在我們身邊。

知名藝人「肥肥」，沈殿霞走了，但卻留給世人一張永恆的笑臉。她不醜化自己、不誇張表演、不隱藏自我，用最真的她傳遞快樂、分享快樂。她那齊眉的瀏海、蓬鬆的捲髮，黑色粗框眼鏡，彎月型的嘴巴，典型的開心果……幾十年來從未變過，至今仍令許多人懷念掛心。

每個人都喜歡與精神飽滿、熱情洋溢的快樂之人打交道。快樂和笑容是我們能吸引別人，打動別人並贏得別人好感的前提之一。

若要用火柴點燃蠟燭，火柴必須先燃燒自己，才能點燃蠟燭；同理，只有先讓自己充滿快樂，才能將快樂的情緒傳遞給他人。一個人如果神情倦怠、無精打采、愁眉苦臉、唯唯諾諾，又有誰喜歡和她交往呢。那種總有無窮煩惱和擔憂的人，容易讓人避之唯恐不及。

為什麼明星們總要求化妝師幫她們化上「笑容妝」呢？因為幾乎所有人，笑起來都比不笑好看。做一個笑靨如花的女人吧，在灰暗單調的生活底色中，有一天或許妳會發現，我們最終渴求的也只是一張笑臉。所以，何不從自己做起，當一個快樂的女人？

控制自己的壞情緒

女人是感性的，同時也是情緒化的。從生活大小事，到每個月報到的「好朋友」，都會引起女人的情緒波動。雖然情緒難以控制，但女人一定要學著掌控自己的情緒，因為倘若自己無法操控情緒，就容易被情緒牽著鼻子走，進而因情緒搞雜許多事。

小薇的故事發生在年初。她因為自己費盡千辛萬苦做成的提案，得到老闆不公正的評價而非常氣憤。盛怒之下，她打了一封語氣尖銳，而且充滿對老闆不滿、不悅情緒的辭職信。老闆幾乎沒有任何猶豫地批准了她的辭呈。不過，小薇的後悔在辭職二十四小時以後就降臨了。

小薇說：「辭職離開公司的那一刻覺得自己很帥氣瀟灑。但一覺醒來，滿腦子都充斥著『又要找工作了』的念頭，這時我開始後悔當時太衝動。」但說出口的話就像潑出去的水。在那之後又過了一段時間，小薇才找到一份適合自己的工作，現在她談起那次辭職，總說那是「一次賭氣多過理性的行為」，甚至說起「其實我的老闆還有很多可愛的地方，自己沒有必要那麼極端，那麼快做決定。」這些充滿懊悔的語句，總會在她談起那次工作時出現。

像小薇這樣類似在辦公室裡哭訴不滿、不順心時消極怠工、做得不開心就跳槽等「情緒行為」，情緒性的決定所帶來的，往往只是一時的痛快，和將長久影響自己的事後悔意。根據親身體驗者的述說，這些行為只會在他人心裡留下不好的印象，又或者這些錯誤都將在新環境中重演一遍，對自己只有壞處，沒有好處。

說了那麼多，我們究竟該如何控制自己的情緒呢？首先，我們要知道壞情緒可分為急性的和慢性的兩種。因受到外界刺激而衝動發火，做出種種不理智的行為，可以說是急性的壞情緒。對付這種壞情緒常用的方法是，及時給予自己暗示和警告。比如，當妳感到怒氣正在上升時，在心裡對自己說：「冷靜，冷靜！」或者默默地從一數到十。往往只需幾秒鐘，妳的心緒就能夠平靜下來，冷靜後再處理問題，就不容易做出使自己後悔的事了。

慢性的壞情緒往往是由生活中許多不如意的事情造成的。造成壞情緒的原因也許不能馬上消除，但長期陷在壞情緒之中並不能改變現狀，這往往會使情況變得更糟。如果我們能夠調整自己，使自己擺脫消極情緒的控制，就有力量來面對不如意的現實。當感到自己情緒消沉或沮喪的時候，可以試著轉移注意力，出去散散步、聽聽音樂、打打球，或是逛逛街、找個人說說話……都是不錯的選擇。

曾有一心理學研究顯示，哭泣有很好的治療功能。人在痛哭一場後，往往心情就會好很多。哭泣並不是需要感到羞恥的事情，如果真的忍不住了，就好好哭一場吧。寫日記也是一種抒發情緒的好方法，假如想找人說說話，又不知道向誰說，不妨考慮一下心理諮詢專線，把自己的壞情緒宣洩出來，然後再認真面對生活。

除了單純宣洩壞情緒以外，如果妳化悲傷為力量，將負面能源轉為正面的能量，將更能把自己自消極的情緒中拉出來。因為一方面，成就某事的過程中，需要集中注意力，這讓妳沒時間自怨自艾；另一方面，隨著處境的日益改善，妳的眼界會變得更開闊，妳對生活的看法也會發生改變。

總之，對於一個人來說，能夠控制好自己的情緒顯得尤為重要。因為，沒有任何一個人會喜歡一個動不動就歇斯底里的人，這樣的人，也註定得不到內心的平靜和幸福。

知足常樂，幸福不難

從前有位享盡榮華富貴，掌握無上權利的王后。天底下的人都認為她是世界上最幸福的女人，但王后並不滿足於此。其實，王后自己也納悶，為什麼自己會對現在如此美好的生活感到不滿。想來自己擁有比任何一個女人都要多的珠寶，有姣好的身段、美麗的臉龐，掌握無上的權力，身為一國之君的丈夫對她疼愛有加，女兒美麗、兒子帥氣……她擁有天下所有女人所夢想的一切！

但是，她總覺得少了什麼，因此她很不快樂。

一天，王后起了個大早，決定在王宮中散散步。當她走到御膳房時，聽到有人正快樂地哼著小曲。循著聲音，她看見一名正在唱歌的女僕，女僕的臉上洋溢著幸福和快樂。

看著一身粗衣，做著粗重工作的女僕如此開心，過慣了上好生活的她覺得奇怪，便問女僕：「妳為什麼如此快樂？」

女僕回答：「王后陛下，我雖然只是個下人，但我一直盡我所能，讓我的家人快樂。我們所擁有的不多，但是很快樂。雖然住的是簡陋的草屋，但它很溫暖。我們的衣服不華美、吃的餐點也不精緻，但不缺衣食讓我們很滿足。家人是我的精神支柱，而我帶回家的，哪怕只是一件小東西都能讓他們得到快樂。我之所以如此開心，是因為我的家人天天都很快樂。」

聽完女僕的話，王后怎樣都不認為，那麼惡劣的環境可以讓人得到什麼幸福。於是她離開御膳房，在路上她遇見了宰相，於是便向他提出了她的疑問。

宰相聽完，笑著答道：「陛下，我相信這名女僕還沒有成為九十九一族。」

王后聞言，好奇地問：「什麼是九十九一族？」

宰相微笑：「陛下，請您將九十九枚金幣放入一個袋子，並將這個袋子放在那名女僕家門前，您很快就會明白什麼是九十九一族了。」

王后按宰相所言，命人將裝了九十九枚金幣的袋子放在那個快樂女僕的家門前。

女僕回家時，發現了門前那裝了九十九枚金幣的袋子，在好奇心的驅使下，她將袋子拿進房內。當她打開袋子，先是感到詫異，然後是一陣欣喜：「金幣！全是金幣！」女僕將袋子裡的金幣全部倒在桌上，然後開始數起那一枚枚金幣。九十九枚。女僕認為袋子裡的金幣不該是這個數目，於是她又數了一遍，還是九十九枚。不相信的女僕又算了一次，但儘管她數了一遍又一遍，袋子裡裝的，不多不少，就是九十九枚金幣。

女僕感到納悶：「為什麼會只有九十九枚金幣呢？一般人都會將金幣放滿一百枚才束成一袋的！是不是有金幣掉了？」這麼想著的女僕開始尋找那可能遺落的一枚金幣。但她找遍了整個房間、整個院子，都沒找到半枚金幣。她筋疲力盡，而且沮喪到了極點。女僕下定決心，從明天起要加倍努力——她要多做一些工作，好儘早賺回一枚金幣，讓那袋金幣從九十九枚增加到一百枚。

由於昨晚找金幣搞得自己身心俱疲，女僕不但睡過了頭，情緒也糟到極點。她對丈夫和孩子大吼大叫，責怪他們沒有及時叫醒她。遲到的女僕匆匆來到御膳房。她不再像往日那樣開心，不哼小曲，也不吹口哨，只是拼命埋頭苦幹，一點也沒注意到正靜靜觀察她的王后。

看到女僕的心態起了這麼大的變化，王后不解，認為先前那樣知足的女僕在得到那麼多金幣的同時應該是欣喜若狂的，但現在的女僕臉上卻是一絲笑意都沒有。「為什麼會這樣呢？」這樣想著的她，再次找來宰相，詢問女僕為何會有如此巨大的轉變。

宰相回答：「陛下，這名女僕現在的表現，就是所謂的九十九一族。九十九一族的人擁有很多，但從來不為此感到滿足。她們為『一』拼死拼活，只是為了讓『九十九』成為『一百』。若將她們生活中，那些平凡，卻非常值得高興和珍惜的事比喻為『九十九』；在她們忽然發現，這一切美好都只是『九十九』的同時，她們將選擇放棄自己所擁有的一切，竭盡全力去追求那毫無實質意義的『一』，以成就『一百』。她們會為了爭取一分開心，放棄九十九分快樂，而當成就心中的一百分時，她們是否還能擁有如同滿足於九十九分時的幸福，微臣就不得而知了。」

聽完宰相解釋的王后若有所思地點了點頭，在那之後她的臉上再也沒有愁雲慘霧，也比以往更加珍惜自己所擁有的一切，因為她從那名女僕身上學到了名為「知足」的幸福。

這是一則發人省思的故事。它所訴說的寓意簡單卻深遠，也許大家都懂知足的重要，但真正知足的人卻沒幾個。知足的人會變得快樂，也會活得比較輕鬆。知足常樂的人會幸福，無關其他，它是一種心靈感受、是一種自我滿足。

就像一把握在手中的沙，妳握得越緊，它就變的越少——越是苛求，就越是無法得到幸福。放寬心，知足常樂，幸福也就不遠了。一點體貼、一句情話、一個微笑，都可能讓妳感到幸福，不是嗎？用心感受，妳將會有意想不到的收穫。

專於現在，過去已成歷史

生命種種，順著時光輪轉飛逝而過，它們在我們心上留下了一道道名為記憶的痕跡。曾經，可能因為害怕而選擇逃避、因為傷心而選擇遺忘，我們舔拭自己的傷、逃避心上的痛，用美好的微笑完美騙過所有人，但只有自己知道，其實所有傷痛都留在原地，沒有散去。

也許有一天，當自己能鼓起勇氣面對過去，妳會發現，那些過往不願提起的往事，並沒有想像中的那麼令人厭惡與害怕。過去的傷痛，已經過去，它最終都將只是自己人生故事裡的一個章節。

我們不能總是沉溺於過去，要學著為現在和將來而活。過去的種種，只是為未來鋪路。試著正視過往種種，從中學習，然後跟過去說聲再見，鼓起勇氣，向未來前進。對今天來說，昨天已成為歷史，明天則是未知的未來。不論過去是落魄、輝煌、成功、失敗……它們都已成歷史，唯有把握今天，才能成就未來。既然過去已經無法改變，那麼何不改變自己現在的心情和態度，勇敢面對即將來臨的未來?昨日之日不可留，明日之日未可知，今日之日勝千金。

相較於男人，大多數女人都比較感性，而且喜歡留戀過去。理論上，女人比男人容易受傷，受傷後也比較不容易走出傷痛，告別過去對她們來說很難。有人說這是因為生理構造不同，女人天生如此，難以改變。但事在人為，改變自己的方法有很多，倘若一時真的無法走出這片愁雲慘霧，不如讓名為「時間」的萬靈丹來醫治自己吧。

我們沒必要因為失敗而心灰意冷，感到挫折是難免，但自信卻是不能遺棄的。告別過去，妳會懂得什麼叫珍惜、會體驗無限的樂趣，也能變得更加自信而有毅力。

擁有自信的女人，不會原地踏步，固守過去，因為她們要追求未來的無限風光；擁有自信的女人，不會因順境頹喪，不會向逆境低頭，因為她們嚮往更好的自己；擁有自信的女人，不花時間後悔，因為她們知道，她們的每個選擇都豐富了自己的人生；擁有自信的女人是積極進取的，總是走在別人的前面，不一定追求時尚，但也絕不落伍，思想不一定前衛，但一定能跟上時代潮流。自信給人前進的動力，給人適應環境的能力。

沒有自信的女人，很難有告別過去的勇氣；沒有告別過去的勇氣，就沒有享受未來幸福的可能。擁有自信的女人懂得忘掉過去或克服逆境，她們的眼光總是遠眺未來，不著眼於過去，不畏眼前的艱難阻礙，只管活在當下，做好自己。而認真於當下，便是她們成功的祕訣。

印度詩人泰戈爾曾說：「如果你因錯過太陽而流淚，那麼你也將錯過群星。」人生苦短，昨日已如逝而去，無論如何昨日如何精彩、如何不堪，它都已經成為無法改變的歷史；猶如記憶，僅能思索追憶，無從改變。我們沒有必要犧牲今天去憑弔昨天。為了失敗的昨天，浪費寶貴的今天，這等於將昨天重演、讓悲劇重來，讓應該可以美好的今天，再度淪喪為令人痛心的昨天……那麼，明天，也會成為今天悲傷的陪葬品嗎？放下昨天，為明天做準備，敢於面對今天的一切，拋開一切沉緒雜念，好好把握今天，別讓昨天成為妳邁向明天的阻礙。

我們要懂得正確地面對過去，也要學會珍惜現在。不要在虛幻的猜忌中傷害自己，也不要在失敗的痛苦中否定自己。不要因為生命的天空中出現一片憂鬱的雲，就忘了一直都在的溫暖太陽。

珍惜現在，就不會在面對困境時陷入恐慌，也不會沉溺在順境裡遺失自己。生命中的每一分秒都只有一次，我們永遠無法從頭來過，無法否定過去已成的現實。珍惜現在擁有的，好好地把握今天，相信努力會給自己帶來一個美好的未來，心中的夢想不再遙遠。

人生如此短暫，有什麼理由不認真去過？有許多目標可以追尋、有很多風景可以欣賞，有許多人值得妳認識……不要總是看著過往，未來有更多美好待妳發掘。

嫉妒只會傷害自己

上帝對一個女人說：「我可以實現妳許的一個願望，但是不論妳許下什麼願，妳的鄰居都將得到妳所許願望的兩倍。」

女人高興不已，但又一想：「我要是得到一箱珠寶，她就會得兩箱，我要是得到漂亮的臉蛋和姣好的身材，那個嫁不出去的女人就會比我漂亮兩倍……」女人想來想去，怎麼想就是覺得吃虧，怎麼樣都不想讓鄰居占便宜。

最後，這個女人終於做出了決定，她對上帝說：「請祢挖掉我一隻眼睛吧！」

這就是嫉妒，嫉妒別人，最終得到的只是對自己的傷害。

朝夕相處的同事升遷了，妳本該替她高興，可是實際上妳悵然若有所失。看到一個剛剛訂婚的朋友手上戴著二克拉的鑽戒時，妳開心讚歎，但實際上卻心如刀絞。這就是嫉妒的滋味。

人們喜愛相互比較，總希望自己是最好的。這樣的想法可以鞭策自己努力向上，但是一定假如這樣的心態過了頭、失了分寸，它就會轉變為嫉妒。嫉妒別人，詆毀別人，只是暴露自己的自私與無能。嫉妒是一種消極的複雜情緒，是憤怒、喪氣、羞愧，怨恨……等多種情緒的綜合體。妒嫉多產生於在拿自己與他人比較卻發現自己不如別人，或是看見他人擁有自己渴望的事物時。它很容易使人消極，甚至使人發起帶有破壞性的行動，好藉此發洩自己的妒嫉心理。

即使不知道嫉妒對身心理的危害，人們也都清楚知道它是一種不良情緒。明知它百害而無一利，我們又為什麼無法避免嫉妒的產生？或許，這也是人性本身的一個弱點吧。即使是身心健康的人，也多少都有嫉妒之心，只不過是有些人容易表露，有些人善於掩飾而已。如果可以妥善處理嫉妒的心，它能是一種催人積極向上的原動力，促使自己更好，向目標努力前進；反之，如果處理不好，妒火強過理智，就容易惹出是非，甚至做出無法挽回的憾事。

我們生活在競爭激烈的社會，社會發展迅速，生活節奏變快，競爭意識增加，每個人都努力在高速運行的社會生活中尋找、爭取自己的位置。如果妳能將嫉妒化為一種讓自己更好的動力，那麼這種競爭心理將為妳帶來成就，促使妳更接近理想；但如果妳不是藉由嫉妒而產生追尋理想的動力，而是因為對他人的成就心懷不滿，只能想方設法搞破壞，那麼妳的人生將因此變得危險。

常言道「見賢思齊」，將他人的成就作為一個能讓自己努力去追、努力去超越的目標，然後努力向著這個目標前進才是明智之舉。要學會收斂那種因為他人的成功而感到憤恨的念頭，如果妳想讓對方成為失敗者，那麼最好的辦法就是透過自己的努力，獲得比對方更大的成功。

幸福投資第一步 姿態

俗話說「愛美之心人皆有之」，尤其女人。沒有人不願看見自己最美的一面，外在、內在都要美麗，如何打點、如何經營——追求美麗這門學問，想必是每個女人一生的必修課。

忙，不是放棄美麗的理由

愛美是女人的天性。然而，也許是為生活操勞、也許是工作壓力太大，也許是歲月無情，美麗漸漸遠離。曾經水汪汪的雙眸、白潤嫩滑的面頰、飽滿潤澤的雙唇早變成了記憶中的風景。

沒有女人不想重拾昔日的美麗，可是大多數人總是任念頭一閃而過，「太忙，沒有時間」、「不知道該怎麼去做」或者「我本身就醜，再打扮也沒用」這些想法是往往會成為逃避的藉口。可是，美麗真的那麼難嗎？

「懶惰」往往是阻礙女性變美的天敵，俗話也說「世上沒有醜女人，只有懶女人」。以「沒有時間」、「麻煩」或「沒錢」為藉口，不肯在妝扮上花費時間、心思的女孩大有人在。說來殘酷，但事實上外貌出眾的人在社會上確實比較吃香。所以試著多花一些心思打點自己吧，經過悉心打扮，妳絕對可以成為美女；而一個得體怡人的形象，絕對會為妳的生活帶來幫助。

打理自己僅需誠心和毅力，不管多忙，都請要留一點時間給自己，搭配好出門要穿的衣服、花一點時間化個得體的妝，這一個個看似不起眼的小細節都將讓妳成為一個更加動人的女孩。

女人幾乎時時刻刻都需要打理好自己，不管在心灰意冷的時候、外出遊玩的時候，愛人和被愛的同時……學著讓自己更賞心悅目可以招來自信，也招來好人緣。妳未必要花枝招展，但至少要把自己打理得乾淨整潔；不用為誰刻意梳妝，為了自己，妳可以更美一些。

不過，如何打理好自己是一門很大的學問，本書無法為妳詳盡地一一道來，但有些必備的基本工，一起來看看妳是否已經為妳的美麗打好基礎：

一、選擇適合自己臉型的髮型。常有人說頭髮是女人的二張臉，選個適合自己的髮型並好好保養，是成為美麗女人的第一步。

二、護膚品至少要有洗面乳、化妝水和適合自己膚質的乳液。如果要化妝，應該在妝前抹上一層隔離霜，以減少彩妝對皮膚的傷害，帶有妝容時，洗臉前應先使用卸妝產品。注意臉部肌膚保濕、選擇適合自己年齡的眼霜搭配使用。一般來說，一星期敷臉一至二次即可，使用面膜時儘量不要用力拉扯。若嘴唇容易乾裂，則需要常備潤唇膏塗抹保養。

三、雖然身體肌膚的保養時常容易被忽視，但它其實很重要。身體也要去角質，尤其是手腳和關節部位。適時塗抹乳液可防止皮膚因過度乾燥而龜裂或變得粗糙。

四、指甲護理同樣重要。修剪後可用磨甲刀細修打亮，並塗上護甲油；如果不想美甲，適時修剪指甲，保持手部乾淨即可。

說完幾個需要注意的美麗要點，我們來看看妳的化妝包吧。化妝包有幾樣必備的裝備，它們分別是：鏡子、梳子、面紙、吸油面紙、粉餅盒、口紅或潤唇膏。如果這些裝備齊全，也能時時注意儀態並有效利用這些小配件，那麼相信妳一定每天都能保持清爽美麗。

只要願意花心思打理，加上一抹自信，妳絕對可以成為眾人眼中的美女。也許有人認為化妝只是塑造一個假像，在自己臉上抹粉就像帶著面具出門，既矯情又做作，但其實只要不是過度誇張的妝容，就不會給人這樣的感覺。一個清新的淡妝可以給人自信愉悅的感覺，而且在許多國家中，出門化個淡妝是對他人尊重的一種表現。有個漂亮的妝容，合理搭配服裝，妳絕對是個迷人的百分百美女。

別拿太忙做藉口，留一點時間好好打理自己。不要得過且過隨它去，不要為自己的懶惰尋找藉口。在向美麗可人轉變的過程中，也許起步晚了，但做了也總比不做好。坐而言，不如起而行。就從現在開始，採取行動來塑造自我，收穫美麗。

自然就是美

近年來，在女人的世界裡，捲起了一股整型之風。不少女人為了使自己更美麗，選擇了整型改變自己看不順眼的外觀。儘管有不少女性因為整型導致毀容，但是一心追求美麗的女人們還是對整型一途趨之若鶩，希望自己能在一夕之間成為世上最美的人。

雖然可以透過整型瞬間達到讓自己美麗的目的，但是需要提醒的是，即便急切追尋著美麗，也不可以失去理性。愛美是女人的天性，對於自己因為先天或後天因素造成的缺陷，會想透過整型手術來彌補其不足，這是完全可以被理解的事。但在整型前，需要注意的，還有自己當下的身心理狀況，要考慮手術所可能帶來的任何結果。

整型手術畢竟不是在一張潔白的畫布上作畫，畫壞了可以隨時修改或進行可能的補救工程，即便救不回來，那麼重畫一張就是。它是在妳的臉上動刀，不可能完全依妳的期望把妳變成另一個人。每個人的骨骼、肌肉都有各自的特性，整型手術是根據手術對象的基礎條件來進行改善和修飾的，整型美容不僅要做到單個器官的美麗，還要做到整體的協調，別人臉上的美麗，放在自己臉上卻未必協調。適合自己的才是最好的，自然的美才是最真的。

不管是天生或是經過後天整型，我們的容貌一定會有所改變，都必須要經歷人生的自然衰老過程。在人生的各個年齡階段，體型和皮膚會有很大的變化，這是人的正常生理改變，誰也逃避不了。

而且我們應該清楚知道，不同的年代有不同的審美標準，每一個人也都擁有自己對美醜評判的一套標準，沒有誰可以永遠美麗，也沒有誰會讓世界上所有人都認定她是最美的。而且，現代除了對外表的美做出評斷，也有越來越多的人開始注意一個人的氣質與內涵。假如能將自己打理好，結合一個人的性格特質，那將會形成一股個人魅力。每個人都是獨一無二的美人，只要自己能喜歡上自己，並用自信讓自己的特殊美感展現出來，妳就一定會是最美麗的人。

才剛四十出頭的莉蓮突然心臟病發，她被送往醫院急救，但情況十分危急，莉蓮幾乎可以感覺到自己就站在死亡深淵的邊緣。

搶救中，莉蓮突然聽見一股聲音向她說：「妳不會死的，妳還可以活四十五年六個月零兩天，鼓起勇氣活下去！」

經過搶救，莉蓮從鬼門關前被救了回來，信仰虔誠的她深深相信當時那席話必是上帝所言，而自己的生命則因上帝得以延續。

經過一陣子修養，身體復原後，莉蓮一想到上帝對自己說她還能活四十幾年，便沒有急著出院。她做了以前一直很想做的整型手術——先是修飾臉部線條，然後是豐唇、豐胸，最後是抽脂，她前前後後做了四個整型美容手術，種種改變讓她整個人看起來年輕了十歲！

莉蓮對自己各個整型手術的結果感到非常滿意，便高高興興地辦了出院手續，沒想到，她才剛踏出醫院，就在門口被一輛急速駛過的救護車撞死了。

到了天堂，莉蓮見到了上帝。她生氣地質問上帝：「當時祢明明說過我還可以活四十幾年，為什麼祢卻食言了？」

上帝尷尬地聳了聳肩，答道：「真是對不起，當時，車子撞妳時……我沒認出是妳。」

這則故事雖然像個玩笑，但當中卻透露出一個道理——身體髮膚受之父母，天生的容貌是自然的禮物，我們應該珍惜並善待原本的自己。

一個女人真正的美麗，不僅僅是擁有可人的外表，內在氣質的魅力更是重要。許多女人忽視了後者，只關注自己外表的美麗，為了美麗的外表，她們甚至願意花費龐大的金錢整型——但是，在動了大刀整型後的人，還是原本的那個自己嗎？

沒有美麗的外表並不代表沒有任何優勢，由內而外映出的美反而比外表的美麗更能打動人。假如妳正考慮整型，為什麼不考慮把整型所需花費的精力、金錢投入氣質的修養或知識的追求上呢？沒有人能保證美麗的女人一定會獲得幸福，也沒有人說幸福的女人一定要擁有沉魚落雁之姿。

就如之前所說，女人的幸福與美麗關係不大，她們的美麗來自她們相信自己的自信。她們不斷學習、不斷昇華自己的層次、不斷追尋自我的進步，直到生命的終點——也許她們不是傾國傾城的絕世佳人，但不可否認的是，她們令人無法移開緊緊追著她們的目光，那正是她們的幸福，是她們美麗且吸引人的秘訣。

女人真正的美麗和知識修養有關。女人一生要為人女、為人妻、為人母，從一個角色跳到另一個角色時，總需要運用智慧將自己順利轉換各個角色。心態決定狀態。在多重角色中的轉換我們需要自信和智慧，並需要將這兩者妥善運用與結合。分分秒秒，只要付出努力和永不放棄，每一分秒都能是一個成就、是促使自己更加美麗的契機。

女人的美麗有許多種方式，整型只是其中一種。無需整型，我們也可以變得很美麗。用氣質營造美感的人，比起藉由整型變美內在卻空虛的人，擁有更高一層的美麗。充實內在使人活得充實，專於外表的美麗卻可能讓人變得空虛。如果能好好充實自己，並妥善打理自己，那便能成就最完美的自己。

如果一個女人能在年輕時就學會注重自我的內心充實，即使伴隨歲月流逝而逐漸年老，也能依然從容愉快。容貌不能永遠年輕，而豐富恬靜的心神卻能永駐心底。閒暇時候，不妨自己泡杯茶。漂亮的茶具、清香的花草茶葉，都能讓妳覺得身心放鬆，將茶融入一盞茶具，加上合適的水質和水溫，讓它們散發本身的淡淡清芬。這時候喝的就是一種心情，而且對身體也有好處。

在白天專於工作，如緊盯獵物的獅，在夜晚則像只慵懶而神祕的貓；女人也如一杯好茶，既懂得自律又善於營造情調。自然就是美麗，對於自己不需要刻意。對於美麗，每個人都有自己的想法；對於女人來說，把自己的真性情表現出來就是一種美麗。女人要學習定位自己的生活品質，並按照自己的生活方式去生活，而不是受困於毫無意義的容貌比較之中。

美麗來自合適得體的裝扮

一位女推銷員在美國北部工作，一直都穿著深色套裝，提著沉穩的公事包，銷售成績理想。後來，她調職到陽光普照的南加州，她仍然以相同的裝束去推銷商品，結果成績卻非常不理想。觀察當地的人群後，她試著改變自己的穿著，她換上粉色的套裝和洋裝，背起活潑的隨身包，使自己看起來更有親切感。然而，只是因為改變穿著，竟然就使她的業績提高了百分之二十五！

隨著社會經濟、文化的發展，如何穿得適當得體已經成為一門大學問。在妳和別人交往的過程中，妳的穿著打扮是別人評斷妳的一個標準。因此隨著年齡增加、職位改變，妳的穿著打扮應該與之相稱。記住，除了臉孔之外，衣著是妳的另一張重要名片。

老土固然很可怕，但追趕流行也要有個限度。流行瞬息萬變，而且是永無止盡，妳應該先了解自己究竟適合怎樣的衣著打扮，而挑選衣物時，則可以自己的身材、膚色、氣質作為選擇的指標。找到最適合自己與當下場合的，才是最得體美麗的。

即使是擁有天使面孔，魔鬼身材的明星、模特兒，穿錯衣服一樣會很難看；而那些就在妳我身邊，相貌、身材平平的女生，假如打扮合宜也會非常有魅力。了解自己是非常重要的基礎課程，要清楚自己的身材、氣質、膚色適合什麼色彩和款式，才不會讓自己因衣著而在他人印象裡減分。

有個女藝人，長相古典，白皙的皮膚、一對大眼、一頭及腰的烏黑長髮，年輕優雅又大方，總是令男孩們為之瘋狂。當時只要她出場，一頭長髮只會用髮夾簡單夾起，穿著素雅的長裙靜靜站在台上就足以令人屏息。

她有一陣子因出國深造而消失在螢光幕前，但是當她再度重回演藝圈卻什麼都變了。她剪去了長髮、換上俐落的短髮和不同於以往的服裝，形象徹底翻盤。一開始有許多人無法接受，但隨著時間改變以及她漸趨沉穩的台風，更多的擁護者與支持者也隨之而來。

她堅持做自己的勇氣為她贏得一片更加廣闊的天地，那個懵懂清純的女孩搖身一變成了知性自信的女強人。她從地方的小小電視台，一下子站上國際性的媒體平台。從綜藝節目的主持人，轉變成採訪國際重要人物的採訪者。

假如她當時沒有堅持選擇最適合自己當下的形象轉換，那麼她大概永遠只能待在地方的小小電視台主持綜藝節目，甚至會被觀眾所遺忘。不同的場合、不同的職業需要不同的穿著打扮。當我們出席不同的場合，身份有所改變的時候，就要為新的出場精心準備，以把握隨時可能出現的機會。

對於職業女性來說，一天內待得最久的場合就是公司。雖然辦公室不是伸展台，但也不能毫不重視自己的衣著。職業女性的衣著打扮不需要太過花枝招展，但也不能過度保守，一切以端莊、大方為原則。套裝是辦公室常見的衣著，也是許多場合的正式服裝。適合自己的套裝可為自己加分，灰色、深藍、黑色、米色是較為沉穩的色系，在挑選時可以列入考慮。套裝的剪裁要適合自己的體型，如果有兩套套裝，可一套搭配裙子，一套搭配長褲。套裝的穿搭是多樣化的，但是在穿搭的過程中也別忘了考慮內搭的色系，以免造成突兀。

有位女性財稅專家常能為客戶提供很好的建議，表現出色；但當她受邀到客戶的公司提供建議時，對方主管卻一直都不太注重她的提議，甚至有時還會選擇忽視。三番兩次下來，她對客戶主管的舉動也實在感到氣惱與納悶，於是在一次餐敘中，她向朋友抱怨起了這件事。

聽完她的敘述，她的朋友則認為問題並非她的專業度不夠，而是因為她的打扮讓人感覺她不夠專業。原來，體型嬌小、外貌可愛的她總是熱愛活潑可愛的休閒裝扮，打扮太過隨意，完全不符合她所從事的工作場合。由於客戶並非與她熟識，在不了解她的為人與專業度的情況之下，她的外表打扮成了對方評斷她的第一印象。過度輕鬆而隨興的打扮讓客戶對於她所提出的建議缺乏安全感，認為她還不值得信賴。

她的朋友建議她改變衣著，用服裝來突顯專家的氣勢。她聽著朋友的建議，換上深色的套裝再度前往提案，客戶的態度也有了很大的轉變。很快，她便憑著自己的能力成了公司的董事之一。

另外，著裝更要根據不同的場合選擇不同的衣服。與顧客會談、參加正式會議等，衣著應莊重考究；參加藝文活動如觀看芭蕾或音樂欣賞時，應著正裝；與朋友聚會、郊遊等場合，著裝應輕便舒適。在辦公事或洽公時，應穿正式套裝以表現專業性；在家裡接待客人，可穿著舒適但整潔的休閒服；倘若出國，除了衣著得體，也要顧及當地的傳統和風俗習慣；若前往教堂或寺廟等宗教場所，則忌諱穿著暴露。

除了服裝，妳還需要選擇合適的配件。女人的主要配件之一——包包，若以適合職場的種類來說，大致可分為兩種款式，一種是小巧可肩背的手拿包，另一種是一般紙張大小的手提包。不論妳選擇哪一種，都以典雅、大方的設計為佳。和側背包相比，手提包較具有專業性，給人以果斷明快的感覺。另一個是不管擁有幾雙，總被女人嫌不夠的鞋子。若以職場合適度來說，黑色高跟鞋是較好搭配的選擇。

服裝不僅僅是一塊遮羞布，它是我們的第二張名片，甚至是許多人對我們建立第一印象的主要因素。不要認為打扮只是件麻煩的事，它也是可以引領妳邁向成功的一塊踏腳石，了解自己，並打扮得體，通往美麗的道路會更平順。

品味會說話，買貴不如買對

作家黃明堅曾說過這樣一段話：「女人是一種指標，我始終相信。如果女人只有浮面的美麗，社會也只可能有浮面的美麗，如果女人都散發出品味，社會自然成為泱泱大國。」話中意指女人的品味不僅僅是個人的事情，甚至關係到一個國家的社會面貌。這番話確實有一套道理，因為品味代表狀態，糟糕的品味就代表一個糟糕的精神狀態。英國劇作家菲爾丁也曾說：「一般而言，真正優雅的品味總是與卓越的心靈相伴。」一見微知著，品味表現了一個人的鑒賞力。

沒有品味的女人，不管擁有多漂亮的容貌、多富有的家世，那一切的美好條件都只能突顯輕浮；而有品味的女人意謂著她也擁有著豐富的內涵，即使相貌普通、條件平凡，她依然會顯得高雅雍容。

品味的高低並不完全取決於經濟因素。看著那些繫著HERMES絲巾、挽著限量版的LV包包、踩著GUCCI高跟鞋的女人，妳也許會心生羨慕，但卻不一定會認為她們品味過人。錢包的厚度和品味無關，品味的高低取決於內在的涵養。

一個人的品味總是與她的氣質相輔相成，品味的高低取決於日常生活裡對新事物的發現，品味是自己獨特的味道，每個人都有自己的品味。即便是一個廉價的飾品，只要在適當的場合，因得體的配戴而展現出它的獨特，它也能夠成為極具品味的精品。品味的高低與物品本身的售價高低無關，重要的是它是否存在於適當的位置。

貴族般的高雅品味不是一天、兩天就能培養出來的，人說積沙成塔，品味也是需要累積的。平時就要一點一滴培養自己，藉由欣賞藝文表演或透過閱讀來提高自己的審美眼光和生活情趣。

有品味的女人往往都非常瞭解自己，而且也清楚知道什麼適合自己。這些女人有一個共同的特點——絕不購買華而不實的物品。她們總是審慎選擇精緻而符合自己品味的物品，與貪便宜而輕率購物的女人不同，她們購物的準則來自深思熟慮，假如該物件無法凸顯，甚至會貶低她們的品味，她們便不會輕易打開荷包。

逛逛街、走走百貨公司，偶爾翻翻時尚雜誌，了解時尚與流行對女人來說是必要的，妳不一定要追隨潮流，但妳要瞭解商品的質地、價值、搭配，這些都有助於妳提升品味。

流行與時尚也是需要受到女人關注的課題。時尚是嘗試在生活方式和社會交往中領悟藝術，而當多數人同意這門藝術，它就會成為流行。人們習慣追求流行，唾棄已經過時的舊時產物。這並不奇怪，人與人會相互影響，因此也時常有人死命追著流行，卻忘了流行並不一定適合自己。每個明智的女人都該懂得在言論和衣著上不要誇張，在任何事情上都不要太過造作，要適時追隨時尚的變化，切記不要過於熱切，不需要太過前衛，但也不要過度遠離，不要過度極端。

一個有品味的女人會精心包裝自己，她的服飾不會過份多彩誇張，不盲目追隨流行前衛，更不譁眾取寵，挑選符合自身的特徵與個性，在對的場合穿對的衣服，不媚俗、不媚雅，自然得體。著裝風格會彰顯著女人的生活品味，用精心搭配的細節，展示妳獨特的出眾品味，營造出妳專屬的個人氣質。

年齡和美麗沒有絕對關係

美國曾有專家指出，人類會根據自己的年齡自我老化。這個研究給我們的啟示是：要想保持青春美麗，就不要總對自己日漸增長的年齡耿耿於懷。忘記年齡對妳來說有絕對的好處，不要讓生理年齡成為妳的束縛，美麗與妳是否青春年少沒有必然的關係。當妳開心的時候，可以把自己打扮得像個大學生，熱情洋溢舞動永遠的青春；當妳需要自己是以成熟的面貌出現在別人的面前的時候，妳就是成熟的。

歲月是女人的大敵，年齡是女人的秘密。但是有一種女人，歲月只能增添她們的魅力，且帶不走她們的美麗。

有位漂亮的女人，因為外表太過漂亮，在她二十幾歲的時候，大家都說她是個只能欣賞而無實質用處的「花瓶」；而當她四十歲時，她仍保有美麗的風采，人們卻給了她一個「才女」的稱號。會有這樣兩極的評價，是因為她們發現，伴隨時光流逝，她的美麗不但沒有衰退消逝，反而因歲月的痕跡以及充實的內在，讓她出落成了一個更美麗的女人。

大家都害怕變老，但是年齡的增長並不僅僅意味著變老，它意味著更多的豐富和精彩，如果可以，妳也可以透過自己的努力，獲得這股歲月帶來的美麗魔力。一個聰明的女人，懂得在歲月的累積中，學會讓年齡成為美麗的祕密，讓無情的光陰無法在皮膚上刻下歲月的痕跡，這樣的女人即使早就過了盛放的花季，卻依然能綿延著長久的花期。

一位六十幾歲的女人，擁有不輸年輕人的漂亮臉龐。幾十年來，她始終堅持每週做兩次按摩和美容面膜，不化妝的時候也不忘臉部清潔，對皮膚保養頗為用心。她總是對女兒們說：「減肥是一生的事情，只有懶女人才會有肥肉。」而她自己也確實一直保有宛如少女的完美身段。不要以為她是一個不顧家庭、只顧玩樂，上了歲數還不懂事的女人，事實上她比任何女人都會打理自己和家人的生活，她擁有一個十分幸福的家庭、健康的身體，子女在事業上也表現突出，她所擁有的，是令所有同齡女人羡慕的一切。

一位七十四歲的老太太，要去朋友家吃飯，出門前她精心打扮，也和媳婦討論怎麼穿才會更漂亮、妝要怎麼化才會漂亮，甚至還踩上高跟鞋出門。對她們來說，美麗與否和自己的年齡是毫無關聯的。

很多女人在結婚以後，就不再注重自己的穿著打扮，有了孩子後就更不用說了。因為繁忙的家務和工作，女人開始無心打扮自己，習慣成了自然，一個不注意就會成為別人口中的「黃臉婆」。許多時候，女人為家庭犧牲與奉獻，付出青春與努力，成就了家庭卻差點毀了自己。試著對自己好一點，婚姻和美麗都需要保養與維持，別以為長年相處與習慣，老公就會忘了交往時妳的美麗動人。充實了內涵的同時，若能每天撥一點時間給自己，一抹淡妝一絲甜笑都能為生活製造驚喜與和諧。

讓自己長保年輕不是虛偽裝可愛，更不是麻煩不必要。相夫教子是賢妻良母的表現，在愛人眼中自己將是最美的女人，在兒女眼中妳也會是最美的母親，但是總會有外人對自己評頭論足，雖然妳可能會認為外人的言論不重要，但人言可畏而三人成虎，別忽視言語的力量。女人要學著愛自己，也用愛感染身邊的人，時時充實自己、保養自己，當一個不因歲月與年齡感到恐慌的女人。一個用心對待他人的人可能換回他人對自己的用心，同理，一個對自己用心的女人將更加了解自己並從中獲得自信，展現魅力，更能為自己帶來和諧。我們可以活得很健康、很快樂，讓一個女人美麗的，不僅僅是動人的妝容，而是女人自身所散發的魅力。

年齡只是一個數字，年輕與否是取決於個人的心態與涵養；時間計算的是價值，不是定格歲月的尺規。看看那些無法讓歲月在自己身上留下痕跡的女人吧，年齡沒有什麼大不了的，內涵與氣質才是最重要的。任何時候，都不要讓年齡和外貌成為妳的絆腳石。學著忘記年齡，不是我們不敢面對事實，而是相信自己永遠都可以為自己的生命創造新的奇蹟，並說服自己，相信自己的美麗可以抹去歲月的痕跡。

化妝是女人的魔法

女人的美麗，是一幅非常亮麗的風景，不僅僅對於男人如此，對女人也是如此。遇到那些打扮亮眼得宜的漂亮女人，任誰都忍不住多看兩眼。然而，就算全世界的女人都是造物主完美的雕塑，但專注完美近乎苛求於美麗的女人們，又怎麼有對自己的面容感到完美漂亮的一天呢?好，還要更好，於是女人們自古以來便總在想辦法讓自己變得更美。

女人們的化妝品，就是女人在追尋美麗的路途中所使用的重要工具，它幫女人修飾自己的容顏，讓女人看起來更加美麗。它對女人來說很重要，甚至可能是女人一輩子都離不開的東西。女人愛美的天性，決定了她們將長期與化妝品為伴。

每個女人都希望自己是世界上最美麗的女人，即便天生麗質，也不希望自己的美麗僅只於此，於是化妝品就成了女人美麗最有利的武器之一。如果說女人一個最親密的是她的情人，那麼與她們最親密的物品也許可以說是化妝品。

女人的渴望也許無窮無盡，傾國傾城的美貌、比任何一個女人都好的身段、珠寶、華服、豪宅、完美情人、幸福家庭……都可能是成就完美幸福的條件。每個女人追尋幸福的途徑以及對幸福的定義大不相同，但也許每個女人都急切尋找著一套最適合自己的化妝品，並用它修飾出自己最美的容顏。

女人愛美真的是天性。不少女性千奇百怪的保養之道流傳千古，傳說埃及豔后為了讓自己看起來更加豐盈動人，會使用牛奶入浴；也有傳說西方國家的女性貴族，為了追尋極致的美麗不惜殺人，以人血沐浴。當然，化妝品更是在千年以前就出現在人類的歷史上，而且在那個時候就成了女人不可或缺的物品。

化妝品的歷史幾乎可以推算到有人類的存在開始。在古埃及王朝成形之前，尼羅河谷的游牧民族就已經懂得如何藉由化妝品來保護曝曬於太陽之下的皮膚。考古學家也發現，古埃及時代，人們已經會使用染料及香水。她們在眼線膏裡加入鉛鹽避免細菌感染，也使用各種材料磨製成粉，經過調合，將之作為眼影使用，當時也已經有類似指甲油、口紅等物品出現。

而將鏡頭轉回東方，事實上中國歷史中也有許多愛美的女性。翻閱文獻不難發現她們的美麗祕訣。從用於外表的化妝品到調養內在的燉補食品一點不缺。

隨著時代的變化和發展，化妝品也經歷了不少改革。比起過往的簡單，女人的化妝品早以起了天差地別的變化——女人們洗臉的用具已經從香皂轉化為洗面皂或洗面乳，用於保養與化妝的則有化妝水、精華液、乳液、眼霜、防曬乳、粉底液、隔離霜……倘若再加上用在手上、身上、甚至腳上的，真的是怎麼數都數不清，怎麼說都說不盡。女人對著商場裡的化妝品如數家珍，多數女人的隨身物品一定包含化妝包。由以上幾點實在不難看出，化妝品在女人生命中扮演著何等重要的角色。

女人從很小的時候就已經感受化妝品的魅力，近年來使用化妝品的年齡層不斷下降，更能突顯它對女人的影響力。女人愛美是天性，不管年紀大小，為了讓自己更美，女人甚至可以不擇手段。

現代資訊傳播快速，任何廣告平台都不難見到化妝品的資訊，各種教導女人化妝的影片、書籍更是充斥於市面和網路。要女孩不被追求美的想法攻陷很難，要女人阻止自己購買化妝品、保養品以讓自己更加美麗更難！女人為什麼如此愛美？是為了吸引心儀的對象、為了成為人群中最漂亮的人，還是為了自我滿足？也許什麼都不是。因為愛美就像母性，是女人的天性、女人的本能，與生俱來，無法改變。

化妝品是女人生活中不可或缺的一環。女人藉此變得美麗、藉此增加自信，它是幫助她們邁向成功的武器，是讓自己更好的一種可能，也可能是一種對心靈的慰藉。

追求美麗的道路永無止盡，而女人總在這條大路上辛苦奔馳。一個人的面貌，早在出生前就已經被決定；整形手術的風險太大，但化妝卻沒有這樣的心理負擔，因此多數女人總選擇藉由妝容讓自己更加美麗。

據說在十九世紀時，美國從一種海藻中提煉出一種也許可以延緩衰老的元素，並且成功將之研製為乳液。由於這種海藻取得不易，因此製作這款乳液的成本十分高昂，售價自然也十分昂貴。當這款乳液的存在被人公開，所有具有經濟能力的女人都對之趨之若鶩，甚至在開賣之後沒有多久，這款昂貴的乳液就已經被搶購一空。即使無法證明這款乳液究竟對延緩衰老有多大成效，但以當時的銷售速度來看，這就足以證明，任何一點美麗的可能，都能在女人間造成極大的影響力。

伴隨科技進步，時代的腳步不僅影響了文化，也影響了化妝品。現在的化妝品，不管是包裝、種類，和功能都有了更多選擇。但是，女人也必須知道，雖然化妝品對美麗具有極大的助力，但它終就只是一項工具，而不是美麗的主因。要充實自己的內在，要打理自己的外表，讓化妝品的實際功用發揮到極致，讓自己變美，但千萬不要淪為它的奴隸。

曾有人說，女人的錢最好賺，但並非所有物品都能讓女人甘願砸大錢。偏偏化妝品就是女人最難拒絕的其中一樣「必敗商品」。誰都知道女人注重美麗與保養，前面也說了許多化妝品之所以在女人心中地位如此之高的原因。

雖然這些外表的裝飾並不一定能讓女人完美，但就和心情不好就逛街是同樣的道理，是女人寵愛自己的表現。但任何事物都有正反兩面，並不是只要花大錢買了昂貴的化妝品就能瞬間就讓皮膚變好。女人必須選購適合自己的化妝品，而不是依據該產品的行銷數字或大眾腳步購買，售價高昂的產品不一定最好，適合自己的才是最好的選擇。

化妝品的主要功效在於讓女人擁有美麗的妝容。但是怎樣的妝容才算美麗呢？妝感自然，最好能讓人覺得沒有上過妝，而且妝容與服裝整體協調，這大概可以說是化妝的最高境界。女人愛美無所不用其極，有些女人認為自己的眉型不美就剃掉眉毛改用畫的；又或者化上大濃妝，戴著讓眼睛幾乎睜不開的假睫毛……那些誇張的妝感，僅限定於舞台效果。暫且不說濃妝豔抹能營造出什麼樣的感覺，但光是說到化妝品對皮膚的影響就足以令人細思這樣的代價是否真的值得?化妝品雖然可用於保養,但使用過度也會對肌膚造成傷害。一個不注意可能會讓美麗變成醜惡。

善用化妝品是一門高深的學問,我們不只要懂得使用化妝品,還要充分了解它的功用與使用技巧,知己知彼,才能讓物品發揮它的最大功用和達成最佳效果。

淡妝、濃抹，總相宜

當我們正值十六、七歲的花漾年華，化妝品似乎還不是必要的裝備之一。年輕的女孩渾身散發著青春的氣息，一抹淺笑便是臉上最美的妝。但歲月總無情，當臉上開始出現了若有似無的細紋，正是女人們需要正視現實，學著保養自己的時候了。

化妝是為了修飾我們我們的面容，讓我們更加美麗動人。眉以黑描，唇以紅抹，面以白敷，有淡有濃，有疏有密，得體相宜。懂得在什麼時間、什麼場合，化什麼妝的女人總是聰明而美麗的。

可是什麼才是得體的化妝呢？是淡如出水芙蓉，還是濃如錯彩鏤金？各種風格有各自的美，美麗得體與否的主要關鍵還是與妳選的環境、時間是否得宜。倘若夜晚出遊、參加宴會，可以化上稍為濃一點、甚至可以使用帶有珠光的粉餅、眼影，或者灑點亮粉，為自己增加一些光彩——因為在較為幽暗的場合，太淡、太素雅的妝是無法表現出妳的優點的；但反過來說，如果平日上班，就應該維持自己乾淨、整潔的樣子，素雅的妝會是妳的最佳選擇——畢竟妳是去上班，而不是去參加萬聖節遊行的。

如果妳是一名職業女性，就不能僅僅以自己的喜好和情緒設計妝容，也不能僅僅為了漂亮而化妝，對於妝容太過隨性是大忌，而這通常也是很多女人化了妝卻不美麗的癥結所在。妝容的美麗與否，取決於它是否得體的程度。

平時上班的妝容應該具有較強的包容性，以能夠與服飾以及辦公室氣氛融為一體為主要參考指標，色彩切忌過濃過豔，並且應該講究、精細，既要適合於對人近距離的交流與接觸，也要能夠表達妳的品味。粗糙的妝會影響妳的素質和職場形象，也會因妝容不得體與他人產生距離感。色彩淡雅是辦公室妝容的基本要求，妳必須清楚知道，上班之所以要化妝的主要目的是為了禮貌，甚至讓工作更為順利，而不是讓自己像明星那樣引人注目。

如果是和他人外出遊玩、約會的場合，則建議選擇適合室外自然光的休閒妝容。這種妝容的基本要求是揚長避短。陽光下特別容易看出一個人的皮膚好壞，膚質好的人，妝感可以盡量自然輕透，太陽光可以更加突顯妳的天生麗質；若是膚質較差的人，妝感相對就需要重一點，可以考慮使用遮瑕效果較強的粉底掩蓋自己的缺點。它的要點是清新自然，可以根據場合在濃度上作相應的調整。化妝的色彩可以明快一些，與室外活躍的氣息和行動的動感相適應，輕快的色彩更能表現自然與活力。

另外，室外化妝品最好選用具有防曬功能的複合性產品，因為室外光線充足，使用的粉底應儘量與膚色接近，不宜使用過白或過暗的產品，避免妝面與膚色衝突，造成突兀和過度刻意的感覺。另外，因為室外妝容保持不易，容易因流汗而脫妝，因此一定要注意及時補妝。

如果是夜晚出遊或參加晚宴，那就要掌握強調輪廓感的妝容。夜晚因為沒有陽光，主要照明都來自人造光源，較容易表現輪廓感。要化好晚妝，需要學習如何修容，也就是學會運用明暗、修容技術和線條勾勒的化妝方法豐富輪廓感。高貴、優雅、性感、冷豔通常會是女人在夜晚活動中的所想呈現的四種不同感覺妝感。如同之前所說，不管妳選擇哪一種妝感，都需要與妳的氣質、出席的場合，以及服裝搭配相呼應。晚妝的主要重點是強調層次感，這類妝感的亮點是眼妝、口紅和腮紅。

除了選擇適宜的色澤之外，建立這些部位的立體層次感非常重要。以口紅來說，妳可以建立三個層次，唇部外緣色彩偏重，可以營造精緻的輪廓感，唇部主體為主體唇色，中部可選擇顏色較淺的口紅，或者選擇富有光澤的唇蜜，營造生動、豐富的迷人立體效果。至於整體色彩，晚妝較常使用紫色、玫瑰紅、銀灰色、藍色等較為搶眼突出的色彩，也有人會使用帶有珠光效果的眼影或在蜜粉裡攙入亮粉，在晚間的燈光下與有光澤的服飾相輝映，提高晚妝奪目的表現力。色彩的應用是提高亮度的要點，通常晚妝會化得比一般妝感更濃重，雖然晚妝較濃，但也切忌走向極端。過度濃妝豔抹，容易讓人感覺粗俗與輕浮。

當然，想要一個自然得宜的妝容，妳還是需要花一點時間多學習一些實用的技巧，比如選擇與膚色接近的粉底、修飾出稍粗而眉峰稍銳的眉形、用粉色、橙色口紅提亮憔悴的臉色、用睫毛膏塑造出剪水雙瞳、選用同色系的彩妝……等等。最後，千萬別忘了，微笑、輕鬆的表情可以為妳的妝容大大加分。

只要花一些心思在妝容上，妳就可以為自己塑造出各種形象，可以典雅、幹練、穩重、美麗。化妝不僅是為妳的外形加分，也可以帶給妳一整天的好心情，更可以博取他人的好感和信任，因為妳永遠都這麼容光煥發，似乎再棘手的事情都難不倒妳。把外表和內在都準備好，妳就是世界上最完美的女人了。

追求真正的時尚

追趕時尚也是女人的天性之一，它能讓女人變得更加可愛動人，時尚可以讓女人的美麗升級，但是它也同樣可以讓女人因為熱切追求而誤入歧途。如今女人們拼命減肥，不惜餓壞身體也要把自己弄成紙片人；蹬著一雙比一雙高的高跟鞋，就算會因為重心不穩摔倒甚至扭傷也不肯脫下它；不畏痛苦穿了一堆耳洞，只為一對對美麗的耳環，女人到底為什麼甘願這樣折磨自己？答案很簡單，這就是她們追求美的方式與過程。

但究竟什麼是美？美的標準誰來定？單就「美」這個字，就算寫上千萬篇論文都無法說清這個字的真正含意。每個女人心中都有一套定義美醜的標準，她們習慣蒐集資訊，建立自己的審美觀，而幾個世界級的藝術指標所成就的、所認定的、被人追隨的，就會形成時尚。

女人們總追尋著自己認定的時尚與流行，她們樂於走在流行的最前端，喜歡享受那樣的感覺……然而，當下流行的時尚，卻也不一定適合每一個女人。追尋時尚的同時，也需要像選擇化妝品一樣，選擇適合自己的一套時尚，才能讓自己更加光彩動人。

毫無疑問，在不同的時期，美的標準就會不同，而遵循最新的審美標準，就是女人們所理解的時尚。喜好「環肥」的唐代，豐滿是時尚；熱愛「燕瘦」的漢代，苗條是時尚；上千年來，小腳小步走的美感令人動心，三寸金蓮就是時尚。

為了「時尚」二字，世世代代不斷追尋美感的女人們，究竟忍受了多少痛苦才能成就符合各個時代的美。雖然告別了三寸金蓮，但現今社會裡，別名惡魔舞鞋的磨人高跟鞋，難道又不是折磨女人的新時尚精品嗎？

女人們沉溺於時尚帶來的美感與藝術，寧可忍著美麗所帶來的折磨也要讓自己走在時尚的最前端。

美麗的背後隱藏的痛苦，也許不是所有人都能體會的。有些女人選擇做自己，不盲從時尚，但卻遭到世人冷眼甚至批評與攻擊。但真的只要追尋時尚，就會變得完美嗎？這答案連想都不用，就可以說是否定的。

時尚和化妝品一樣，倘若不適合自己就不是應該追尋的。每個女人都有專屬於自己的自然美感，豐腴是美、窈窕是美；淨白動人、黝黑健康；大眼可以暗送秋波、小眼也能脈脈含情。真正的時尚，不該是盲目的追求流行；真正的時尚，應該是一種自然的生活狀態、是一種讓女人享受的姿態。只有找到自己的時尚，才能真正成就自身的美麗。當妳找到專屬自己的時尚，並展現出十足的自信，就會有人欣賞甚至效仿；找到專屬自己時尚的妳將是生活的寵兒，快樂和幸福都會加倍。而究竟怎樣才能早日找到專屬自己的時尚的？多吸收時尚資訊、多上街逛逛，認真打理自己都是向更好的自己前進的必經過程。生活中只要多一點巧思，就算不花大錢也可以成就時尚，一點夢想、一些實際，可以擦出不平凡的火花。充實自己，尋找靈感，相信妳能點石成金。不要抗拒簡單，但也不能拒絕奢華，記住任何事物都是雙面刃，找到最適合自己的方式，將它轉化為自己的時尚，就能讓自己更加耀眼奪目。

懂得時尚的女人，在男人眼中是魅力的代表，在女人眼裡則是令人嚮往的目標。在這個強調人人平等而且尊重個人特色的時代，女人不再需要過度壓抑，也不需要虛假的偽裝，女人更有權為自己發聲，更有能力追夢。然而在這樣的環境下生活的幸運女人們，更應該對時尚擁有更為深一層的認識。奇裝異服與誇張的妝容是吸引目光的高明手法，卻不是建立時尚的明智決定；滿身名牌也不是時尚，只是一種炫富行為。當一個人無時無刻追逐著世俗的時尚時，也早已在不知不覺中失去自我，成了時尚的奴隸。真正懂得運用時尚的人，多數時候都和跟普通人一樣，以最自然的姿態出現在日常生活裡。即便不身著華服、不刻意裝扮，她們仍然是人群裡的亮點，是目光所追尋的對象——真實、自然以及自信是她們的亮點，是永遠不會退流行的時尚。

當然，也不是說追求流行就不應該，只是不能一味追求流行。在追求流行腳步的同時也應該追求適合自己的流行。請記住，盲目地追趕流行與時尚並不能讓妳變得美麗，但是，根據自己的特質活出自己的個性和精彩，卻永遠沒有人可以奪走妳的光彩。追求永遠不會退的流行與時尚，最好的方式莫過於好好認識自己，並認真生活，這將讓妳更加絢麗奪目。

保養，是重要課題

「年輕真好」，隨著年紀增長，是不是越來越常聽見身邊的人這麼說了呢?年輕是天大的優勢，但是太過年輕卻也會造就許多錯誤。每個人都在跌跌撞撞中學習，每一個階段有專屬於那個階段的美麗，但是當說著「伴隨年齡增長，美麗也會加倍」時，誰都也明白那不過是給不再年輕的自己的一種安慰。

年輕的時候，我們恣意揮灑青春，年輕就是最美的妝容，美麗是簡單甚至不需加以思索、煩惱的。當我們年紀漸長，需要在意的事情多了，外表也不再那麼美麗，原本平滑的臉蛋開始出現皺紋，新陳代謝變慢、體力漸衰，甚至連口氣也似乎不如年輕時清新……

「年輕真好」，因為年輕人身強體壯，隨時有能力放手築夢、四處遊走，但隨著年紀增加，體力自然也沒有以前那麼好，甚至可能病痛纏身。愛默生曾說，「健康是人生的第一財富。」沒錯，身體健康是活得快樂的首要條件。近代人們也越來越注意身體保健。聰明的妳，是否也該動手為自己的健康擬出一份保養計劃了呢？

現代生活忙碌，遊走於社會的職業女性變多，大家都努力為生活奔波，甚至家庭事業兩頭燒。忙碌的女強人們，是否有好好保養自己，給自己一點喘息和休息的空間呢？保養自己的身心理都是很重要的事情，假如妳還為自身保健摸不清頭緒，不如參考以下作法：

一、保持開朗的心情，開闊的心胸。

快樂的心情是保持青春的不二法寶，天天愁眉不展，讓自己活在陰鬱之中不僅會造成周遭人們的困擾，自己的心情也沒能得到舒展。一個活潑開朗的女人，一個即使經歷大風大浪仍讓微笑面對的女人，才能讓自己透出無盡風采。相信我，妳的微笑可以征服世界。

二、適時補充水份，充分飲水。

「女人是水做的」，這不僅僅是一句廣告詞或一段比喻，這是有科學根據的。人體中，水占有極大的比重，有研究指出每人每天至少要喝八大杯水，才是對身體最健康理想的。千萬不要渴了才喝水，因為那是身體嚴重缺水的信號。假如長期忽視補水問題，那麼肌膚很快會變得乾燥，想必這是所有女人的大敵吧。

三、要吃得好、吃得巧。

別忽略早餐的重要性，它是一天的精力來源，假如長期忽略會對健康造成嚴重的損害。另外，晚餐應盡量以簡單、精緻為主。不要偏食，要攝取足夠而且均衡的營養。一幢房子的建造，需要各種的原料；人有五臟六腑，也需要不同的養料。給予人體均衡的營養，健康也就離自己不遠了。

四、經常運動身體好。

世界衛生組織估計，全球因缺乏運動而引致的死亡人數每年超過二百萬。不運動，會使身體的免疫能力下降，某些疾病和病毒不能得到有效免疫從而誘發猝死。

日常生活的運動機會很多——多利用樓梯，少搭電梯；多走路，少坐車；看電視時，可在廣告時間多起來活動筋骨；多到戶外走走，或者有人陪自己慢跑、打羽毛球、游泳……等，培養自己對個別運動的興趣，養成有規律之運動習慣。

女人不管有多忙，一定要抽出時間來保養自己，倘若身體不好，又怎麼對自己的生活專心負責呢？

人總是會老的，歲月總在不經意間磨蝕著容顏。容顏總會衰老，但心態卻可以永遠年輕。

保持年輕的心態，忘老是一副妙方。曾經有一個哲人說過：「忘老則老不到，好樂則樂常來。」這句話說得很有道理，現在科學研究表明，人的心理機能對人體的各個器官有著極其微妙的作用，它可能延緩人體的衰老。

古人云：「壯心與身退，老病隨年侵」、「人老心先老」說的就是人的心理與生理機能相互影響的關係。延緩生理衰老最有效的做法，就是保持心態的年輕。

如何「忘老」？在學習忘老之前，我們應該學著遺忘，把不該堆積在心上的、已經不能改變的、煩惱卻無法解決的各種事情一一淡忘。接著，要讓自己變得忙碌、讓生活有目標存在，讓精神上有個寄託，這樣就能將注意力自壞的事情上轉開，進而保持好心情。

人閒則懶，一旦放空久了就會陷入呆滯。隨時保持年輕的心態、時時想想開心的事，對生活要充滿新鮮感，並在生活之中尋找樂趣。對周圍的事物繼續充滿好奇心和求知欲，永遠保持積極進取的心態。心若永遠是年輕的，年齡的多寡就不再重要了，對吧？

幸福投資第二步　氣質

美艷的容顏會隨著歲月逐漸褪色，但氣質卻會因歲月逐漸美麗，且將永遠長存。

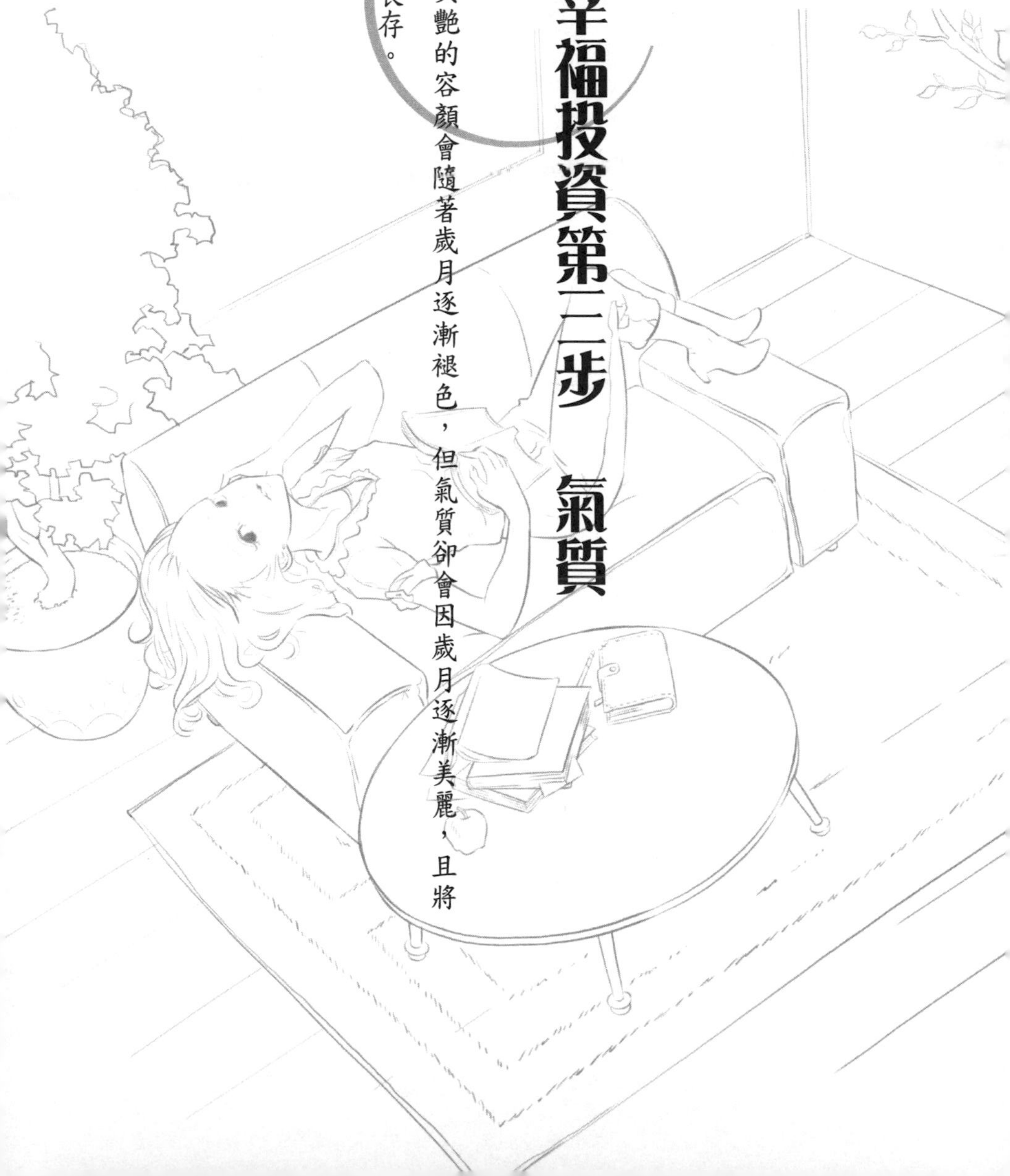

氣質，讓魅力自然而然流露

女人的氣質，是美的全部表現。一個人的氣質是內部修養，外在的行為談吐，待人接物的方式、態度的總和。優雅大方、自然的氣質會給人一種舒適，親切，隨和的感覺。氣質是能令人們忽視其外貌而永遠存在的美感，氣質優美的女孩即使相貌平平也不會被人忽略。只有美麗的外在很難令人留下深刻的印象。由內而外自然散發的美高雅而難得，單有外貌的美麗平庸而膚淺。氣質是內在散發出來的一種魅力，要靠內在修養，無法假裝，也無法用外在的條件展現。

一個人的氣質能從她的穿著打扮、言行舉止中看出端倪。有些氣質真是天生的，但多數的氣質都是後天培養的。那麼，生活中，我們該如何注意自己氣質的塑造呢？

讀書是最基本的氣質培養管道。內涵是需要培養的，它無法向外表一樣被輕易改造，有些女孩子雖然漂亮，但說的話卻空洞無物，這是非常可惜的一件事。除了看書，多參加藝術展演活動或四處旅行也都能增加自己的見識。

千萬不要為小事斤斤計較，保持開朗、放寬心胸，千萬別小心眼、小家子氣。不要為一點點小事就大動肝火，這樣是會令人討厭的。不要自視清高，在社交中不能因為別人與自己脾氣不同、身份有異，就顯示出不耐煩或瞧不起別人的樣子，當然也不要因自己的職務、地位不如人家，或長相一般，服飾不佳而過分謙卑，要落落大方，不卑不亢。

女性無論什麼時候都不能忽視儀表。作為女性，在社交場合，必須注意儀表的端莊整潔。參加社交活動時，適當地修飾與打扮是應該的。切忌蓬頭垢面，不修邊幅。

因氣質而美麗的女人，比起只有外表美麗的女人有著更高的層次，也更能吸引人。在追尋美麗的同時，也不能忘了充實內在。

優雅，為美麗加分

如果說女人似水，那麼優雅的女人可比喻為涓涓細流，長遠而沉穩，她們往往能以智慧為自己贏得愛與尊嚴。女人的內心世界是豐富而複雜的，她們面對生活各有各的態度與智慧。女人風情萬種，但若要為優雅的女人下一個合適的比喻，我想她們將是一幅有著一百零一種風情的風景畫。

女人如花，花似玉，她們柔情似水，如月光溫柔卻也同樣有陰晴圓缺。優雅是許多女人所追求的特質，而要如何成就優雅更是許多女人趨之若鶩的課題。優雅的女人不一定要有嬌豔欲滴的容顏，也不需要有魔鬼般的迷人身材，她們所需必備的，是高雅的氣質和充滿自信、能落落大方地展現自己的能力。優雅女人的言行舉止終都散發她的大方、有禮、溫柔與美麗。優雅出於內在，是一種由內而外散發的氣質。優雅並不是與生俱來的，它是由文化、品德、生活中的諸多元素沉澱、積累而成的氣質。優雅的女人總散發出一股自身的獨特氣息，時時刻刻都是眾人矚目的焦點。

優雅是一種無法假裝的氣質，它是由內而外散發出的感覺。優雅氣質的形成與生長環境、後天教育、內心歷練等因素有關。大多數具有優雅氣質的人也同時具有一種洗淨千華的泰然自若。任何一種氣質往往都是只可意會而不可言傳的，沒有一定的經歷和智慧累積往往難以成就氣質。優雅是一種智慧的沉澱，優雅比起外表的美麗更經得起歲月的蹉跎。優雅是一種內在的氣質，是生活閱歷的沉澱累積出的氣質，是在舉手投足間，會不經意流露的成熟氣息，是由內而外散發的一種知性美。優雅來自於後天的學習和生活經驗的累積；優雅源於豐厚的學識，深刻的思想。它無法成就於物質，只能成就於精神。優雅，也許是一個迷人的微笑、一句貼心的話語、一個不經意的動作、一個會心的眼神；它也可能是一種對生活的自信、一種積極樂觀的滿足、一種從容鎮定的安詳、一種謙遜善良的美德；是一種境界，一種思想，一種風度，一種氣節，一種無以模仿的神態。優雅是由內而外給人的一種感覺，這樣的感覺是以豐富的內心、智慧和博愛作為基礎的。當妳知道什麼是優雅，甚至可以學會欣賞優雅的時候，妳才真正懂了優雅本身。

優雅的女人可以沒有迷人的外表，可以沒有窈窕的身材，但優雅的女人一定具有豐厚的內涵。優雅的女人往往有顆溫柔善良的心，懂的寬容與淡泊名利。清高而脫俗，就像一朵出於泥而不染的蓮花，端莊典雅而不輕佻、佼柔、造作；如同春日裡的朝陽，溫柔而不過度熱情；如同一杯清茶，濃而不淡，淡而不濃，令人回味無窮；她除了愛自己，也懂得與人分享愛。她們情感細膩而豐富，但卻也理智且聰明。當然，她們不會不解風情，善於應用情趣讓生活加溫的她們，偶爾也會運用自己小小的惡作劇，讓孤獨乏味單調的生活增添樂趣，願意在特別的節日裡為她所愛的人製造一份驚喜；除了與人歡笑，她也樂於個人世界，也許讀本書、聽聽音樂，都是打發時間的好方法。

成就優雅的一個途徑是閱讀。文字中蘊藏許多想法和感觸，透過閱讀往往能讓人看見另一個世界，不僅充實內涵也豐富生活。不同的故事引領妳踏上不同的旅程，讓妳看見萬種風情，感受不同氣息。如同前面所說，優雅不僅僅是一種姿態、一種氣質，它也是一種風度。優雅的風度是一個人的文化教育、審美觀念和精神世界凝聚而成的情感結晶，它具有極高的感染力與渲染性。一個女人可以透過華服妝點華美，可以因精緻妝容而艷麗，也可以因儀態端正吸引人，但優雅的風度卻不如上述任何一者來得簡單。氣質需要培養、需要累積，不是一時半刻就能成就。

優雅的氣質也許是所有女人都嚮往的特質。但是優雅不能一蹴可幾，只有經過歲月的歷練、思想的沉澱，並且擁有成熟的思慮才能讓它自內心散發出來。不需要汲汲營營地盲目追求這樣的氣質與感覺，因為人生中我們所走的每一步，都在無形中雕塑屬於自己的優雅。只要時時充實和豐富自己，優雅就會離妳越來越近，即使年齡增長，青春的容顏已逝，妳所成就的氣質也終將為妳成就永恆的美麗！

知性是一種魅力

所謂的知性，應該是舉止優雅、讓人一見賞心悅目的。知性的女人待人處事落落大方，她們會用身體語言告訴你，她們是一個尊重別人、愛惜自己、懂得生活的女人，而她的女性魅力就如同她的處事能力一樣令人驚艷。

知性是成熟女人的專利，經歷多了，自然成了有故事的人。生命經歷本身便是一筆財富，有了這樣的財富，女人的心便少了許多茫然和焦躁，經年累月累積的經驗也讓她們在無意中流露出一股歲月歷練後的美麗與智慧。也許她們不再光顧夜店，不再通宵達旦地飲酒作樂，但在燭影搖紅中，朋友相對，在一曲舒緩的藍調音樂中輕輕舉杯，細訴陳年舊事，聊聊別後經歷，然後微笑別離，留給彼此一個滿溢思念和祝福的背影——何等美妙的一道風景。

但是，成熟並非知性，知性的女人還必須有著自信、大度、聰明、睿智和幽默。知性的女人，典雅卻不孤傲，內斂卻不失風趣，感性卻不張狂。她們可能並不美艷動人，但卻才華洋溢，性情溫和、真實不造作。

知性的程度往往和女人的年齡有關，三十歲之前，女人充滿活潑的青春氣息，因此感覺也許較為外放、知性較為單薄；三十歲之後，女人學會了內斂，知性則顯得較為飽滿豐富。知性也和閱讀有關，對書的鍾愛，能讓女人收穫思想，收穫人生感悟，從而可以從容的觀察世界。知性的女人，就像一塊受到研磨的璞玉，經過時光的細細打磨，越發顯得晶瑩透亮，讓人時時感受她那綿延不絕的細柔美麗。知性令女人獨具內蘊，更加趨於完美。

知性女人，是頭腦明晰，心智成熟的女人。她們會審視度勢，跟著時代的脈搏亦步亦趨，面對新的挑戰能從容灑脫，面對喧囂的塵埃，她們知性地待其落定，以理智笑納勢如洶洶，以平靜典當餘波淼淼，永遠不囿於陳規陋習，永遠不固執己見。歷經歲月的磨練，知性的女人已褪去年少輕狂，淡然個性張揚，戒驕戒躁，物我兩忘。她們的悟性，明理性，綜合性都拿捏得恰倒好處，她們會冷靜地審視自己走過的路，在理智地前行同時，不斷回首來時路的一次次蛻變，並在一次次蛻變中破繭而出，在一次次的磨練中更加成熟。以一種讓人折服的成熟，展現知性女人的特有風貌。

知性的女人，會以正確的態度處理事情及面對感情。她們有一個健康的心態，讓她們不以物喜，不以己悲。少了浮躁與爭強好勝，多了嫺靜與淡定恬然。寒來暑往，物換星移，世事輪迴，她們能於冥冥中感悟那一個規律，能夠看破人倫世態的玄機，把握開啟生命運轉的鑰匙。知性的女人會積極向上，熱愛生活，遵循自然的規律，會將生命中一切可圈可點的燦爛，融進生命之歌的旋律中，無論人生曲調有多少激揚、多少哀戚，她們生命之歌的主旋律永遠會回歸平淡。在悠悠的歲月長河中，只作一縷清風般驀然回首，愜意任它在心湖中吹起絲絲漣漪。有了健康的心態，就多了健康的情懷，健康而年輕的情懷，才會令女人年輕而美麗。

知性的女人能夠善待他人，能夠適時展現自己，體驗人生的價值。她們對一切都知足惜福，能夠從容恬淡，與世無爭，還可以展示健康的心態，可以睿智而豁達的展現自我人格魅力。但僅止於此，還不能算是個「知性」的女性。女人的知性，還應該表現在自己所設定的價值觀上，並更進一步地實現自我、彰顯自我。每個人都不能用智力來評估她的賢愚，因為每個人身上潛藏的智慧各有不同。樂感好的人，會表現旋律智慧；文筆好的人，會表現文字智慧；思維縝密的人，會表現邏輯智慧；肢體語言發達的人，會表現運動智慧和表演智慧……如果每個人展現出自己那份智慧，就已經表現了自我價值。女人也一樣，會一門手藝、有一項專長、能掌握美麗的秘訣、能協調家庭關係……生活的每一處都可以讓妳一展長才，並且在自我發現、自我進修的過程中，充分感受快樂與愉悅。

知性女人有良好的品德修為，良好的文化素養，更易於感知生命的無常。學著以平常心對萬物，以慈悲心寬待他人，衣食住行有自己的品味，可以簡約而不失格調，可以自創一份溫馨的家居而不崇尚浮華，可以於行色匆匆眾人中走出一派天然的風景。認真做自己，用心對周遭，知性會使女人更完美。

感受藝術氣息，陶冶心靈

這世界上有兩種花，一種能結果，一種不能，兩者相較，不能結果的花卻更加美麗——比如玫瑰、鬱金香，它們從不因為不能結果而放棄綻放自身的快樂和美麗。人們一生所做的事情也和種花一樣，有些事情能有結果，達成一番成就；而些事情不能，或許終就得放棄。但很多時候，過程其實比結果更加重要。

或許我們不能從事自己感興趣的工作，但是還是可以保持自己的愛好，從中得到單純美好的小幸福，讓自己的生活更加充實幸福。生活於現實，我們每天都有太多事情要做，要考慮生計、要算計利益，不知道妳是否還能不計得失，在忙碌中偷空繼續經營自己的興趣。生活雖然難過，卻也可以是一種享受，而這就是生活的藝術。

法國人是很懂得生活與享受生活的民族，他們的享受來自與之緊密相聯繫的個人興趣。一般的法國人，不論是身分地位，都會有一件或多件業餘愛好。舉例來說，我曾聽一位朋友說，他到一位法國工程師家去做客的時候，被房內的木雕裝飾吸引得目不轉睛，一問之下才知道這些美麗的木雕都是出自這位工程師之手，那是他的興趣，在忙碌之餘他總會做些木雕讓自己的情緒得以宣洩，讓自己的夢想和興趣在現實與忙碌間得以平衡。

妳也許不能自由選擇職業，但妳有權計劃與分配業餘的時間，好好經營自己的興趣與愛好，在浮躁喧囂的現代社會中，找尋一個專屬於自己的心靈園地，給自己一點空檔，享受生活的藝術。

葉欣在忙碌了大半年之後，終於得到一段為期兩個月的假期。她沒有像其她同事一樣，選擇整天泡在家裡看電視，或者隔沒幾天就找朋友出遊、餐敘。她找了一家茶藝館，專心學習茶藝，選擇在這樣一個幽雅清新的環境中度過炎炎盛夏。

學習茶藝一個月後，她天天以嫻熟的手法泡茶，觀其色、聞其香，再細細品嚐，清新而恬靜。看她現在平和可親的樣子，很難想像在一個月前，她還是一個在職場奔波且性情急躁強勢的女人。

工作空閒之餘，葉欣也就習慣翻閱茶藝的相關書籍，早就已經開始計劃學習茶藝。理論與實作不同，一開始學習還摸不懂要訣時是非常辛苦的。然而，葉欣並沒有輕言放棄，她耐著心跟著師傅認真學習，一個多月後終於小有成就。

眼前這個茶藝手法嫻熟的女孩，已經很難與那個承受著巨大的工作壓力、整天憂心忡忡的葉欣聯結在一起了。她認為茶藝是一種源於生活的藝術，重回職場上的葉欣在待人處世上多了一份耐心，而這是源自茶藝的薰陶。茶藝不僅充實了她的假期生活，更為她的性格帶來轉化。

生活雖然忙碌，但我們都必須多少抽出一點時間，細細感受和品味藝術的氣息，才不會被世俗侵蝕，失去生活的意義與溫度。如果妳對音樂有濃厚的興趣，妳總會對它多幾分關注；而對美術感興趣的人，對各種油畫、美展、攝影也都會認真觀賞、學習，對好的作品進行收藏、模仿；有人熱愛蒐集各國的錢幣，她們會想盡辦法對古今中外的錢幣進行收集、珍藏，甚至研究；有人喜愛書寫的感覺，把自己的心情、思想、記憶逐一寫下，記錄生活中的點點滴滴；喜歡跳舞的人，在跳舞時感到愉悅、放鬆，表現出積極而自覺自願……妳可能難以理解某些人對於喜愛事物得過度熱衷，認為那樣的行為實屬詭異，但是，當他們沉浸在自己的快樂，並且樂此不疲的時候，不也令人稱羨嗎？

不管妳有著怎樣的興趣愛好，雅也好，俗也罷，只要會造成他人的困擾，甚至傷害他人，妳大可好好享受它為妳帶來的樂趣。藝術並非只存在精湛的工藝品中，也不是只能在美麗的繪畫作品中展現，更不僅僅存在於高雅的音樂和文學作品中。藝術就像空氣，時刻圍繞在我們的身邊，只要懂得感受、學習參與、認真體會，就可以將自己的生活融入藝術之中。

愛上閱讀

「所謂美人，以花為貌，以鳥為聲，以月為神，以柳為態，以玉為骨，以冰雪為肌，以秋水為姿，以詩詞為心。」這是中國古典詩詞中對美女的描述。注意最後那句「以詩詞為心」，其它一切都是外表，這和那句「腹有詩書氣自華」詮釋的道理是一樣的。

古代的女子不出大門、不下繡樓，也要讀書培養氣質，那麼妳呢？妳不能忽視氣質的重要。黃庭堅有言，「三日不讀書，便覺面目可憎。」作為一個女人，也許妳不追求成功、不奢望有所作為，只想自己單純美好的小幸福。但是，構築幸福的條件總會包含生命的品質。若希望昇華生命的品質，那麼讀書學習便是十分重要的一環。沒有一定的文化底蘊與修養層次，即便花容月貌，只要一開口將美感全失。

在這個資訊發達的E世代，人們對書籍的喜好似乎已經不比過往。科技的發達，使人們能在更快的時間裡或得想要的資訊，但這樣的便利卻也促使人們不再熱衷於書本，甚至導致文化素質下降。不要忘了，沒有深度閱讀，就不會產生思想。閱讀能刺激我們的頭腦，也有助於拓展我們的想像力，它還能為我們建立出色的語言技能。享受網路帶來的種種便利時，也請不要忘了那手邊書本的力量。

有人說，女人的妝有三個層次。第一層是臉上的化妝品形成的妝；第二層是保養得宜的健康氣色；第三層則是她的氣質。獨特的氣質與修養才是女人美麗的根本所在。試想，在妳的生活中，讀書居於什麼地位呢？也許現代生活的快節奏讓妳在累了一天後，再也無心拿起書本；也許現代都市的繁華和多樣化的娛樂方式讓妳在閒暇中寧願和朋友們一同玩樂，也不願守著一盞檯燈與書相伴；也許經歷了學生時代逼死人的填鴨式教育和繁雜考題，讓妳在離開學校後就再也不想翻開書本……千千萬萬個理由其實說著同一件事——不讀書，只因為靜不下心來享受閱讀所帶來的閒適與安寧。

雖說閱讀不一定會徹底改變我們的命運，卻可以改變我們的性格；閱讀不能改變人生的起點，但可以改變人生的終點；它可以豐富我們的思想，提高我們對生活的認識，豐富自己的精神世界，可使我們更加理性的看待問題。閱讀是豐富人生閱歷的良好伴侶，透過閱讀，我們可以他人的生活經歷為借鏡，促使自己的人生變得更好。

我們的時間和精力都是有限的，世界上有很多角落充滿著令人驚嘆的景色，耐人尋味的風土民情也令人嚮往。環遊世界很難，但錯過這一切是何等可惜的事？如果不能親訪每一個地點，感受每一分奇妙，那就透過閱讀來看世界吧。讓天文學家及科學家向妳解釋宇宙；讓文學家以清新的思維和明快的筆調，帶妳神遊書中的夢幻世界；讓評論家犀利的筆鋒帶妳看事件的另一面，培養妳敏銳的觀察力和獨立思考的能力。

當妳讀書時，往往能透過文字，被作者帶入到一個全新的世界裡自由漫步，那感覺就像是與一位智者展開了平靜而又深遠的交談，超越了時空的限制。智者的思想會慢慢融入到妳的心靈深處，打動妳的心靈。在潛移默化中，妳對世界萬物的著眼角度會逐漸發生變化，學會用心去體會人生的真正含義，也許會更快樂積極的對待生活，妳將學會欣賞美並去創造美，妳將踏著智者們用思想構築的階梯，逐步達到新的精神境界，形成自己對生命、對世界的新感悟。

如果要求妳一年讀四十本書，妳做得到嗎？也許妳會覺得那是不可能的任務，因為妳甚至連讀完一本書的時間都沒有。可是，只要每天能抽出半小時閱讀，讀完四十本書並不是件難事。無論工作多麼忙碌，無論生活的節奏多快，只要願意，總能找到可以利用的零散時間。妳可以在等車的空檔看兩句哲人慧語，可以在午後小憩時翻兩頁輕快的散文，可以在入睡前倚在床上重溫幾頁經典小說。只要妳有閱讀的心，時間絕對不是問題。

愛上閱讀吧，讓縷縷書香滌蕩妳那疲憊不堪的靈魂；讓字字珠璣指點妳迷惘無助的心靈；讓循循哲理觸發妳生命中善良真誠的本性，那一顆顆智慧的結晶，可以培養出妳獨特的氣質、談吐和涵養。

每個女孩都是一位公主

「生活的壓力，和生命的尊嚴，哪一個重要？」趙傳筆下的這句歌詞，讓許多人都深有感觸。為了生活，越來越多的女人選擇放下尊嚴，在生活的泥濘裡打滾，可是，尊嚴卻是女人不該放下的高貴矜持。

有一種名為Daisy的單葉雛菊，它有著細小的花瓣和纖細的枝葉，它的花語是「純真」，而這也是郭婉瑩的英文名字。郭婉瑩是上海永安集團的四小姐，一九〇九年出生在雪梨的中國小女孩。六歲時，應孫中山的邀請，他們舉家搬回上海。當時的郭婉瑩連一句中文都不會說。

郭家的女孩有著與生俱來的美貌。排行第三的郭安慈是一位美貌與智慧並重的上海小姐，也是宋美齡婚禮的女儐相。姐姐競選上海小姐時，正在燕京大學讀書的郭婉瑩甚至寫信回家，勸姐姐不要參加這種無聊的遊戲。

二十二歲時，郭婉瑩因為訂婚去了北京，住在未婚夫家籌辦婚禮。眼看一個三〇年代富家美少女變身窈窕少奶奶的故事就要上演，但她在北平發現了燕京大學，對自由和知識的渴望讓她選擇成為學生，放棄婚姻。得知消息的未婚夫從美國趕了回來，氣急敗壞地用槍指著她的頭，威脅她若不嫁給自己就殺掉她。

郭婉瑩向他說：「你不殺我，我不會跟你結婚。你殺掉我，我也不可能跟你結婚了。」那個男人又揚言要自殺，郭婉瑩平靜地對他說：「你現在回家，只不過不能跟我結婚，還可以好好活著。若是自殺，你除了永遠結不成婚，連生活都將蕩然無存。」

當時的她，即便生命備受威脅也要與未婚夫解除婚約的原因是，他在送給她一雙美國製的絲襪時說：「這襪子真結實，穿一年都不壞。」她怎麼能讓自己嫁給一個這麼乏味、這麼小家子氣的男人？」。她一直都是執著、獨立、高貴的，一直都是。

她自己千挑萬選的丈夫出身書香世家，是林則徐的後裔，清華大學畢業後由政府出資，自國外學習電機工程，是個聰明且令人喜愛的男子。結婚照片上，身披婚紗的她有著天使般美好的笑容，像手中怒放的花蕾一般聖潔高貴。這位金枝玉葉的臉上看不到一點對生活的倦怠與疲憊，她一直堅持自己的主張，有分寸、有尊嚴、有盼望。生活按部就班，但同時又驚喜不斷。這樣一抹笑靨令人欽羨，沒有幾個女孩能夠在婚紗照上完全不帶一絲憂傷，但是她可以。

只是，她千挑萬選的丈夫還是背著她外遇了。對此，她沒有多說什麼。在一個夜裡，在朋友的陪同下，她敲響了一位年輕寡婦的門，待寡婦開門後，她站在門邊，微微昂著頭說：「請讓我的丈夫出來。」待她的丈夫出來，她就這樣將他帶回家了。

她的丈夫在文化大革命來臨之前就已經去世了。優雅高貴的郭家大小姐，用以彈鋼琴白皙的手指，現在正挖著堅硬的河泥，只為撫養自己的一雙兒女。她不再有機會騎馬、彈琴、打網球，不再有機會穿做工精良的旗袍、裙子，不再有機會坐在豪華的餐廳吃西餐，但這一切，都不曾改變她的優雅和品味。

這位驕傲堅強的郭家四小姐晚年時，否認兒女對她有贍養的義務。這一生，她都沒有成為別人的負擔。在她九十歲時，她靜靜地離開了人世。在她的挽聯上，寫著「有仁有忍，大家閨秀猶在；花開花落，金枝玉葉不敗」。

美麗、驕傲、矜持、可愛、高貴的公主，大概是每個女孩都會夢想的角色。《羅馬假期》中，奧黛麗・赫本飾演的安妮公主，在多年來征服了無數人的心。每個女人都有權像公主般矜持高貴。然而，女人的高貴並不是指她非得出身豪門，或者本身所處地位顯赫，而是指心態上的高貴。女人要是能不媚俗、不盲從、不虛榮，自然少不了這種高貴的氣質。真正高貴的女子，她們之所以輕聲細語，是因為氣質雍容；她們慢移蓮步，是因為從容不迫；她們注重穿著和生活細節，是出於對他人和自我的尊重。這些都要一點一滴培養，並非一朝一夕所能促成。隨時充實自己的內在，打理好自己的外在，才有讓自己成為受人景仰的公主的可能。

風度翩翩，賞心悅目

張愛玲的小說一版再版，一再被文學評論家所提及，但卻鮮有人提及她的優雅，一種另類的優雅。對一個女人而言，張愛玲不算漂亮，清瘦的臉龐上罩著一抹憂鬱，而憂鬱中卻又隱含叛逆，冷漠中隱含著柔情、高傲、高貴和高雅。如果說張愛玲是優雅風度的代表，這並不為過。她的智慧、姿態、咄咄逼人和另類風格，都令人著迷，她的性格雕塑出了無數優雅。

迷戀三毛的人，往往迷戀她那漂泊的靈魂。她的魅力發自內心，不矯情造作且十分溫暖，她的一字一句中可以讓人品味出境由心造的道理。三毛不是美女，但她絕對是個嫵媚的精靈。瘦削的身子，一雙隱藏在長髮下面滿盈故事的雙眸，攜帶紙筆漫遊世界。年輕、堅強而又孤獨的三毛對人的吸引力不言而喻，她靠文字證明自己存在，她的文字多是天性的自然流露，令人讀過便久久不能忘懷。

她們並沒有天賦的美貌，但有味道。她們散發出來的翩翩風度，在不經意間悠然出現，悄然潛入妳的視線，分別後有餘音嫋嫋，回味無窮的感覺。

楚楚動人的容貌中帶有一抹沉思，令人覺得她是一位既有巨大精神力量，又有突出個人魅力的女性。她經歷漫漫歲月而不衰，年輕時是美人，年老時依然是美人，是一種美的典範，一種經典的自然美。她是宋慶齡，堪稱二十世紀最優雅最有風度的女性。無論生活和社會如何變化，「寧靜」始終保留在她身上，她也因此一直保持著她特有的美。內在的平靜是她保持美麗的源泉，是她內心的一種反映。她使自己始終保持一種內在的平靜感。而她的妹妹宋美齡，在離開人世的那一刻，依然肌膚白淨，妝容得體，也是一個集東方古典氣質和西方優雅風度於一身的女人。

妳不一定要有沉魚落雁的容貌，但必須有優雅的舉止和精緻的生活。不一定要有魔鬼身材、輕盈體態，但一定要重視健康、珍愛生活。無論妳是想擁有溫柔的女性氣質，還是高貴氣質，無論知性是野性，無論是純真還是優雅，只要妳想擁有，並為之努力，同樣可以像她們一樣風度翩翩。

要成為一個具有良好風度的女人，需要具有突出的個性——女性的美貌往往具有最直接的吸引力，但伴隨時光流逝，在與人深交、廣泛瞭解社會後，真正能長久吸引人的卻是專屬個人的獨特個性。豐富的內心也是需要具備的條件。有理想、有知識，是內心豐富的兩個重要因素，這是女性不可缺少的。知識將使女人的魅力大放光彩。除了上述兩點，妳還需要具備寬廣的胸懷與高雅的志趣。高雅的志趣會使女人錦上添花，從而使生活充滿迷人的色彩。一個女人的氣質和風度，成就於她的人品、性情、學識、智力、身世經歷以及思想。

一個有風度的女人總是擁有良好的教育、修養，以及優雅的談吐。言為心聲，談吐是窺測人們內心世界的主要管道之一。在言談中，對長者尊敬，對同輩謙和，對幼者愛護。她們感性，但在必要時也十分理性。生活不可能總是風平浪靜，總有困難要克服，有挫折要面對，而如何面對、如何處理，就需要理性思考。要冷靜思考，做出理性的選擇。不因失敗、挫折而衝動決定，導致憤恨、後悔，甚至招來更大的挫折與災難。

除此之外，任何時候都不要忘記了提高自己的修養和內涵。有些女人喜歡買書、讀書，甚至寫書。在熙來攘往的人群中，她們格外引人注目——是氣質與修養讓她們顯得與眾不同。愛讀書的女人，不管走到哪裡都是一幅美麗的風景。她可能相貌平平，但她有一種內在的氣質。優雅的談吐超凡脫俗，清麗的儀態無需修飾。靜得凝重，動得優雅，坐得端莊，行得灑脫。書讓女人變得聰慧，變得堅韌，變得成熟。

懂得妝點外表對女人來說固然重要，但更重要的是心靈的滋潤。有風度的女人，優雅的舉止令人賞心悅目，待人接物落落大方；她們時尚、得體、懂得尊重別人，同時也愛惜自己。她們的魅力和處事能力一樣令人驚艷，一個有風度的女人同樣食得人間煙火，同樣離不開油鹽醬醋茶，同樣要相夫教子。只是她們始終有一套自己的脫俗之道，活得認真、活得平凡，但不在時代的浪潮中隨波逐流，這才是睿智高貴的女人。

當一個有個性的女人

作為新時代的女性，個性是重要的資本，女人要做真實的自己，要有自己的個性和事業。有個性的女人不一定擁有漂亮的外表，但因其擁有不同於常人的才華和個性，就會顯出不同於常人的氣質，只要與她深交，就會感覺到她有無窮的魅力。除了能吸引同性與其成為好友，更能吸引異性的關注。她們總是充滿自信地宣揚自己的個性，呈現自己最真實的一面，活得快樂，充實。

一九二五年，瑪格麗特・柴契爾夫人生於英格蘭林肯郡的格蘭瑟姆市。一九八三年六月，她被選為英國皇家學會會員。一九七五年二月，她競選保守黨領袖獲勝，成為英國政黨史上的第一位女領導人。一九七九年五月，保守黨在大選中獲勝，她遂成為英國第一位女首相。一九八三年六月，保守黨再次在大選中獲勝，她連任首相。她任職期間工作勤懇，政績卓著，被世人稱之為「鐵娘子」。

據說，柴契爾夫人之所以如此成功，就是因為她一直保有自己的見解，不會因為別人的干擾而放棄自己的理念。這或許與她自小受到的教育息息相關。柴契爾夫人的父親，羅伯茨是英國格蘭文森小城的一家雜貨店老闆。在瑪格麗特五歲生日那天，父親把她叫到面前，語重心長地對她說：「孩子，妳要記住，『凡事都要有自己的主見，用自己的大腦來判斷事物的是非，千萬不要人云亦云。』這是爸爸贈予妳的人生箴言，是爸爸給妳最重要的生日禮物，它比那些漂亮衣服和玩具還要有用得多。」從此，羅伯茨著意把女兒培養成一個堅強獨立的孩子，下定決心要塑造她嚴謹、準確、注重細節、對正確與錯誤嚴格區分的獨立人格。

羅伯茨的家境其實不壞，但是為了培養瑪格麗特勤勞、節儉、積極奮鬥的性格，羅伯茨刻意讓家裡生活過得清淡艱苦，沒有浴室、熱水和室內廁所，更沒有什麼值錢的東西。瑪格麗特從小就要幫父親做家務，十歲時就在雜貨店站櫃台。一陣子，她迷上了電影和戲劇，幾乎每週都去一次電影院或劇院。有一天，當她的零用錢不夠支付票款，而向父親借錢的時候，父親堅決地拒絕了。

後來，在瑪格麗特入學後，她的同學們都有著比她更為豐富、自由的生活，這著實讓她羨慕不已。她們一起在街上遊玩、騎自行車，到了假日甚至會到山坡上野餐，一切都是如此美好且誘人。年幼的瑪格麗特看得心癢癢的，能有機會與同學們自由自在玩耍的念頭油然而生。

某天，她終於鼓起勇氣跟充滿威嚴的父親說：「爸爸，我也想去玩。」

羅伯茨頓時臉色一沉，說：「妳必須有自己的主見，不能因為妳的朋友在做某件事，妳就也想去做。妳要自己決定自己該怎麼辦，不要隨波逐流。」見孩子不說話，羅伯茨緩和了語氣，繼續勸導瑪格麗特：「孩子，不是爸爸限制妳的自由。而是妳應該要有自己的判斷能力，有自己的思想。現在是妳學習知識的大好時機，如果妳想和其他人一樣沉迷玩樂，那樣一定會一事無成。我相信妳有自己的判斷能力，妳就自己做決定吧。」

聽完父親的話，她想：「是啊，為什麼我要學別人呢？我還有很多自己的事要做——剛買回來的書我還沒讀完呢。」那天之後，小瑪格麗特再也沒有和同學出去玩的念頭了。父親的一席話深深烙印在她心上，也因為這席話，促成了她的成功。

◆

張小姐開了一間名為「羅畢」的鞋店，店裡的鞋子款式豐富，品質優良，但是由於同一條街上的鞋店實在太多，因此競爭非常激烈，這家鞋店的生意不是很好，也不是很壞，一直以來都是平平淡淡的。

六月的某一天，店裡來了兩位打扮時髦的女性。她們挑了一雙又一雙鞋，試穿了一次又一次，最後終於買了其中一雙。結帳時，張小姐聽見一名顧客對另一名顧客抱怨：「今天真是累死我了。不過是要買雙鞋子，一直穿穿脫脫的，搞得我又煩又累……」聽著這席話，張小姐回想起自己似乎聽過許多類似的抱怨。

她心想，既然許多顧客在選購、試穿鞋子時，都嫌脫掉原本的鞋子、再試穿新鞋太麻煩，若能讓顧客放心赤腳走進店裡，在店裡挑鞋時也能光腳，或許就能為她們省下不少不必要的麻煩，顧客也會比較輕鬆。但要怎麼做，才能讓顧客願意赤腳走入店裡呢？這個想法一直被張小姐放在心上，只是一直沒有想到合適的方法，所以遲遲無法實現。

後來，張小姐在一次偶然的機緣下，想到了地毯。她決定在店內鋪上名貴的地毯，讓顧客可以安心赤腳走入店內。鋪好地毯後，她將店名改為「赤腳鞋店」，又在門口設置了鞋架，讓顧客放自己原本穿著的舊鞋。除了這些，她還召集所有員工，要她們在顧客脫鞋進入店內後，為她們擦拭脫在店外的鞋子。員工們聽著張小姐的指令，各個面面相覷，但既然這是老闆的決定，她們也只好執行。

張小姐在店門口貼出一份告示，內容寫著：「店內鋪有地毯，顧客可安心脫鞋入內購物，本店員工也將為各位顧客擦拭脫下的鞋。」如同張小姐所預料的，許多顧客因為這份特別的告示被吸引進來，張小姐的鞋店營業額也因此大幅增加。

有個性的女人，其魅力可能並不表現在外表，而在於她們做事的方法。隨時保持清醒的頭腦，不因為片面消息就對一件事、一個人做出武斷的評論，不要讓社會的潮流影響自己，不要隨波逐流。審慎考慮自己是否是真的喜歡自己正在做的這件事，保有自己的價值觀，堅守自己的本色，將自己獨特的個性適時發揮出來，讓周遭的人為妳的真實色彩驚艷、為妳的獨特本性喝采。

儀態要大方，別畏首畏尾

曾經聽說，有家庭是不允許孩子吃零食、穿拖鞋的。因為對她們來說，那是一種解怠和懶散的表現。許多人會認為這是一種苛求、一種酷刑，一個人在家就該處在最放鬆的狀態，家是一個人最私密的天地，是自己最能自由的時候。但那樣嚴苛教養的家庭難道真沒有之所以這麼做的理由嗎？不，其實這樣的家教就是教導孩子養成良好儀態的一環。出門在外，保持基本的儀態，那是對自己、以及對別人的尊重。

什麼是儀態？關於儀態，林語堂是這樣說的：「女人的美不是在臉孔上，是在姿態上。姿態是活的，臉孔是死的，姿態猶不足，姿態只是心靈的表現；美是在心靈上的。有那樣慧心，必有那樣姿態，擦粉打扮是裝不來的。」也就是說，儀態和妳的容貌沒有多大關係。因此即便妳天生麗質，如果不注意，也可能輕易失態；換句話說，而那些相貌平庸的女子，也同樣有可能以儀態取得注意。

身為女人，誰都不會忘記為自己的外表花費心思，或許也懂得提高自己的內在修養，讓美內外兼具。然而，要成為完美的女人，還有一點要注意，那就是妳的儀態。

引人矚目的美人，除了漂亮的臉蛋、優雅的談吐、玲瓏有致的身段，美好的儀態更是她們之所以能令人目不轉睛的其中一個因素。儀態是身材、容貌、談吐、氣質、內涵的綜合表現，其中更是包含嬌媚、溫柔、情趣、自信、學識等諸多複雜的因素，和許多美麗的因素一樣，儀態也是需要培養與學習的。

所謂「儀態萬方」，意指女子行走坐臥時的美妙姿態。女人有靜態和動態兩種美的形態，女人的曲線、質感、舉手投足都充滿美的元素，而儀態正是一種在這兩種狀態之中交替表現而成的美。

狹義來說，儀態指的便是一個人的姿態。要怎麼表現出完美的儀態，這是一門需要終身學習的大學問。因為妳將不僅僅要學會怎麼站、怎麼走、怎麼坐、甚至怎麼躺臥，還要學習怎麼蹲、怎麼拿東西、怎麼與人說話……等等。妳覺得這些事情是根本不需要學習的本能動作嗎？不，舉手投足間也是有優雅和粗俗之分的。

據說，站姿是最能觀察女人儀態的姿勢。正確的站姿應該頭平正，雙眼平視前方，雙肩平衡，腰挺直、腿伸直，但在此同時，整個身體卻是自然放鬆而不緊繃的。

東歪西倒的坐姿也很不雅觀。那不僅讓人感到不舒服，而且容易疲倦。最端正的坐姿是上身要正，臀部只滿坐椅子的三分之一，雙腿可以併攏向左或向右斜放，但切忌不能叉開雙腿，也不能將腳大剌剌地翹在椅子上。

走路時應抬頭挺胸收小腹，別總是低頭盯著地板，不要急步快走，也不要走得太慢。兩手自然下垂，輕輕前後搖擺，要自然，兩腳不要太開，穿高跟鞋時尤為切忌內八或外八。

作為女人，不論在任何場合，衣著都應整潔得體，言談舉止都應莊重文雅。如果妳覺得時時收腹挺胸很累、覺得依據場合搭配衣服很煩，總是忘記在接起電話後先說「你好」……那代表妳還沒有將優雅的儀態操練到像呼吸那樣習慣自然。

想成為儀態萬方的女人，就要學習優雅的言行舉止。沒有人天生優雅，高貴的公主也要學會各種禮儀。「儀態萬方」的「萬」字，其實很值得玩味。除了上述那些基本動作之外，有些優美儀態所需注重的小細節，並非永遠都是一成不變的。一個儀態萬方的美女，不能只有一種姿態。她們會以千百種面目示人，而且種種都賞心悅目。只要妳能遵循TOP原則——時間(time)、目的(objective)、場合(place)，就能成為儀態萬方的千面女郎。

在公共場合，學會用美的微笑、美的肢體語言、美的眼神、美的表情、美的儀態展現妳的萬種風采，讓妳美在容顏，美在言行舉止，美在氣質風度、美在修養魅力。這樣的女子，不僅可以令人賞心悅目，更能贏得他人的尊重。

幸福投資第四步　談吐

語言是連接人與人之間的橋梁，它決定人際關係的和諧與否，也影響事業的發展和人生的幸福。

學習內斂，優雅賢淑

娶一個擁有清麗脫俗的面容，氣質既高貴又優雅的女子，恐怕是天底下許多男人的夢想；而成為那樣的女人，恐怕也是許多女人的夢想。要怎麼做才能讓自己既優雅又賢淑呢？輕聲細語、笑不露齒、舉止端莊、溫文儒雅……這些都僅僅是最表層的體現，不要以為能做到這些就是真正的淑女。

真正有氣質的淑女，從不炫耀她所擁有的一切、不告訴他人自己讀過什麼書、去過什麼地方、有多少衣服、多少珠寶，不以外在條件來證明自己，因為她對自己有信心，沒有自卑感。真正的淑女，不需要多開口，只要站在那裡就能讓人感覺到她們散發的輕柔魅力。她們不經意的一抹微笑就能讓人魂牽夢縈。她們在淡泊中輕輕踩著專屬自己的生活步調，猶如不食人間煙火的仙女一般，令人捉摸不定。有氣質的女人相信，修養與天性是相輔相成的，就像鳥兒的一對翅膀，要同時展翅才能振翅飛翔。缺失天性萬萬不能，有天性而無悟性同樣不能。悟性的一半來自修養，得到它需要修煉學識，修煉人格。她們釋放女人生命中美好的嬌豔，又不會走火入魔地使自己淪落於賣弄。她們當然是驕傲的，可是深埋於骨子裡的天性，而她們之所以如此動人，終是源自她們的內斂沉穩。

真正的淑女不造作、不前衛、不誇張，她們真實、低調、內斂。不要以為在這個不管是誰都大聲為自己發聲，努力突顯自己地位的社會，安靜嫻淑的她們就會缺乏競爭力。如果妳真的這麼想，那就只能說明，妳離真正的淑女還有一段距離。淑女們的平和內斂、從容嫻雅，不矯揉造作，不喜張揚，並不意味著喪失自我、平庸乏味，那是她們訴說內心的驕傲和展現自信的一種方式。

站在普京身邊，經常以簡練的淑女裝示人的柳德米拉，可以作為現代淑女的典範。當普京還是總統時，作為俄國的第一夫人，柳德米拉在克里姆林宮深居簡出，很少接受記者採訪，不是因為缺少表現自我的能力，而是不喜歡張揚自己。她溫柔賢慧，但又不唯命是從。在昔日同學的聚會上，她興奮開懷地閒聊，不矜持高傲於第一夫人的頭銜。她雖然溫柔賢淑，但也不乏堅強果斷。一場車禍讓她的顱骨、脊椎都受了傷，連續做了幾次手術，她終於憑著堅強的信念撐了過來。

這位淑女得到丈夫普京的極大尊重，她從不對妻子發號施令。而整個俄羅斯還曾親暱地將稱她為「白雪公主」。

總統夫人並不是誰都能當的，但妳可以像她一樣成為淑女。第一夫人只是表面的身份，而淑女則是會長久影響自己的一種姿態。現代社會中，真正的淑女不多，但也正因稀少，因此尤其可貴。不論妳有沒有得到命運的恩寵，是否以大家閨秀的身份出生，都要把淑女的姿態當作一種生活方式。

美麗與優雅，總會不經意流露在淑女們的舉手投足之間。氣質不凡的她們，一顰一笑中都有內斂的沉穩與端莊。正式這股無形的魅力，讓人久久無法移開視線，進而在無形中俘虜人心。

淑女的美麗蘊含著深度風韻，而不僅僅流露於表相和姿態。她們年輕依舊的心在都市流動的喧囂中，悠然地提煉著寧靜，非凡的氣質中自有一種超凡脫俗的洗練。正如同達文西筆下的《蒙娜麗莎》，那抹神秘的神韻和溫和的微笑總令人為之傾倒。

她們有著豐富的內涵，若要以物品來比喻她們，她們將不單單是一幅雅致的畫，更是一本耐人尋味、百讀不厭的好書。她們用平淡恬靜的心面對生活中的強風暴雨，用欣賞的角度看萬紫千紅。她們用理智客觀面對世態炎涼、人情冷暖，也用堅強的胸懷包容人間滄桑。

她們本身的韻味一望即知，不需要刻意表現。無論在何種境地，淵博的學識、良好的修養、優雅的舉止、適當的談吐、博大的胸懷、以及一顆充滿愛的心靈，一定可以讓妳活得漂亮而有氣質。

由青澀轉為成熟

成熟與否和年齡、閱歷、知識都沒有實質關聯。女人成熟是來自歷練與掙扎，善於思考、處事幹練、能獨當一面，駕馭自己的人，想不成熟都不可能；換言之，凡事充滿依賴，遇事恐慌，毫無主張，不知所措的女人，永遠成熟不起來。成熟不完全是一種心態，更是一種個性、一種性格的潛存。成熟是一種能讓人放心的安定，與人交往時給人的是印象則是一種信任與踏實。要當成熟的女人就要告別青澀。

青澀的女人，時常口無遮攔，在說話前少了思索與考慮，不僅容易傷害他人，更可能傷害自己；成熟的女人懂得掌或說話的分寸，能在適當的場合說得體的話，說得多不如說得精，她們善於操縱文字，用字精簡扼要，能說一句不說兩句。不能說的話，一個字都不會說；該說的話，一個話也不會少。

青澀的女人常常成為他人口中的「播音器」或長舌婦，她們熱愛流言蜚語，少了八卦就活不下去，這樣的女人常常不動心智地出賣了自己；成熟女人卻能進耳不聽，聽而不答，總能恰到好處的自我約束、自我控制，隨時能掌管自己的生活品質。

青澀的女人往往無法適當掌控自己的情緒。無法壓抑任何喜怒哀樂，遇到困難也沒有辦法沉住氣以明辨是非；成熟的女人卻恰恰相反，她們能控制情緒，沉穩冷靜，鎮定自如地處理所面臨的一切困境。

方寸大亂是大忌。成熟的女人在情緒控制、抵抗誘惑、辨別是非、承受壓力、調節情緒都能精準掌握。成熟的養成與性格、素質、責任感有關，也和情商與智商相輔相成。

成熟並不是一蹴可幾，也非能輕鬆成就的。它來自一個人對過往的挫折進行檢討、對情商進行療癒、對自己不完美狀態的修補……是由挫折和傷痛一點一滴交織而成的網。在變得成熟的過程中，我們將經歷許多挫折，也許無法承受、無法接受，但是錯誤讓我們學習、讓我們成長，這是成就一個人最快、最直接的方式。成熟總是和人生的挫折聯繫在一起，這是令人無奈也無法逃避的事實。單看片面之詞並不能使人成熟，它需要妳付出時間與代價。

成熟的女人會學著用正面的態度面對挫折。她們將把挫折視為一種人生財富，把坎坷當作學習經驗，把錯誤當作一片美麗的風景。成熟的組成元素非常殘酷，令人不想面對。成熟是流逝的青春和褪色的夢，是挫折和悲傷的綜合體。但在此同時，它也是人生中的一門必修課，而且也和幸福的人生脫不了關係。

想要從因為青澀而造成的困境中脫身，就必須正視現實，培養自己的成熟性格。沒有成熟的性格，再光鮮亮麗的外表，也有褪色的一天；而成熟的人能自我控制、適度表達情緒，並為自己的行為負責，因此她們已經學會坦然地走自己的路，不遲疑、不畏懼。即使自己容貌漸衰、年華漸逝，也能無憂無慮。

說他想聽的話

西方有句俗語，它說：「世間有一種工具可以幫人快速邁向成功，那就是優秀的口才。」對於生活在現代社會的人們來說，一定要認知好口才的重要性，努力提升自身的表達能力。

曾經聽聞美國一位文學教授講述他親身經歷的故事，故事是這樣的——在他六歲那年，有一個星期六，他去姨媽家過週末。傍晚時分，來了一位中年男子，他先是和姨媽嘻嘻哈哈地聊了一陣子，然後走近年幼的教授，並開始和他說話。當時的教授非常迷戀船，整天抱著小船模型，愛不釋手。年幼的教授以為男子只是隨便和他搭話，沒想到他對教授說的，全都是有關船的事。等中年男子離開，年幼的教授甚至還和他的姨媽說：

「那位先生真了不起，他懂得很多關於小船的事，很少有人會那麼喜歡船。」

教授的姨媽笑著告訴她，那位客人是紐約的一位律師，他對船根本沒有研究。

年幼的教授聽了不解，於是問姨媽：「為什麼他對船沒有研究，說的話卻都和船有關呢？」

姨媽笑著回答年幼的教授：「那是因為他是一位有禮貌的紳士，他想和你做朋友，知道你喜歡船，所以專門挑你喜歡的話題說。」

說話得體恰當，便意指要把話說到別人心裡。沒有人會喜歡一個談話只講自己，而不關心他人的需求的人。人們總是喜歡和那些與自己擁有共同話題、能夠迎合自己趣味的人交往。

即使對方說不出自己想聽的話，還是要聽對方說話，甚至要說出她想聽的話，讓話題得以延續。懂得說話技巧的人說出來的話總是能讓人高興地接受，聽著心裡也舒坦。同樣一件是用不同的話語表達，也會有不同的效果。以「她皮膚很白，但是長得太胖了。」和「她很胖，但是皮膚很白。」這兩句話相比，妳認為哪一種說法較為溫和委婉呢？由此可知，只要稍微改變一下說法，即可產生完全不同的感覺。同樣是一句話，在會說話的人的嘴裡可以是一顆甜蜜的糖；而到了不會說話的人嘴裡，則可能成為一把傷人的箭。

一位衣著時髦的小姐，在服飾店裡為了購買一件時裝而遲疑不決時，年輕的女店員連忙上前推銷，她向這位小姐說：「這件衣服品味高雅，銷路很好，今天早上就已經賣出好幾件。」那位小姐聽了，放下衣服轉身就走，留下一頭霧水的推銷員。

過了一會，一位中年婦女走進店裡，打算買一件樣式新潮的馬甲。那位女店員記取了剛才的教訓，便對婦女說：「這件馬甲非常氣派，普通人的氣質總無法和它相襯，因此從進貨到現在還沒有賣出一件，但是我卻認為它非常適合妳。」這位中年婦女聽了，也很不高興地離開了。而女店員還是搞不清楚為什麼婦人會如此憤怒。

作為上班族，女性最希望自己的衣著能在人群中成為亮點，如果自己穿的衣服在街上隨處可見，四處撞衫，那衣服就少了一半的價值。而對於中年婦女來說，別人都穿不了，只有自己能穿的衣服或許就是暗示自己年紀已大或者身材走樣，不符合流行及年輕體態的剪裁。可見，說話確實有其技巧，說錯話也就同時得罪了人，也傷了自己。

善意而沁人心脾的話，能夠給人以輕鬆愉悅的感覺。而適當的話語也能讓說話者更容易得到他人的關注和喜愛。身為女人，我們在平時與人交流時，注意自己的遣詞用字和表達方式都是非常重要的。在說話之前多想一想，這句話會讓別人喜歡，還是讓人心生厭惡，畢竟即便僅是一念之間，就可能造成不同的結果。

曾說有人說：「是人才，不一定會說話；但是會說話的，必定是人才。」在這競爭激烈的社會中，如果一個人擁有良好的表達能力，通常能在事業上得到事半功倍的效果，獲得意想不到的成功。

有一個國家代表團，乘船參加一個會議。原本平靜的海面，突然颳起大風、掀起巨浪。船身因巨浪劇烈搖晃，許多人開始暈船。正當大家昏昏沉沉、狼狽不堪之際，一位服務員小姐卻微微一笑，說：「你們都正陶醉於這壯麗的海洋呢。」短短一句話，道出了體貼和尊重，也為讓暈船者不再那麼狼狽不堪。

這就是會說話的力量！擁有好口才往往能輕易打通人與人之間的隔閡，讓雙方的關係不再緊張。好的口才能為人帶來愉悅感，進而獲得他人的尊敬；可以使陌生的人相互產生好感，產生友誼；可以使相互熟識的人感情更好；可以使意見分歧的人互相理解，消除敵意；可以使彼此怨恨的人化干戈為玉帛，友好相處。

在現代社會中，口才的好壞可以間接決定妳人生的高度。因此請務必記住，好的口才，絕對是成就妳一生財富所不可或缺的重要因素。

說話別太直

如果問妳，妳喜歡直來直往的人，還是拐彎抹角的人，多數人都較為喜愛前者。是的，在生活中，我們都喜歡性格直爽的人，和這樣的人相處沒有負擔，也不需顧忌太多，但我們又往往容易陷入深深的矛盾——喜歡對方直來直往，卻又討厭對方口無遮攔。直爽不是壞事，但還是要挑對時間表與地點，否則它就是令人厭惡的缺點。

在人際交往中，尤其需要注意過度直接的說話方式。不是任何場合、任何時候我們都能直來直往，言語也是需要被包裝的。說話不能太直接，即使妳是對的，也不一定要理直氣壯，得理不饒人。這並不是要妳無視正義向錯誤低頭，也沒有要為錯誤辯護的意思，只是偶爾，我們要學會拐著彎說話，在不傷和氣的前提下，運用智慧與技巧化解尷尬與火爆。

想把話說得恰到好處確實不簡單。常言道「禍從口出」，直言揭穿別人的過錯就是一大禁忌。別人有了過錯，可能是無意的，也可能是刻意的，假如妳直言說破，很可能讓人覺得面子掛不住而讓場面尷尬，也讓當事人對妳心生怨恨，而這句話就為妳樹立了一個敵人。

雖然不願承認，但直言往往會對自己不利。而且不僅僅是言語，表情也是忌諱「真實呈現」的。很多人在遇到自己不滿意或者不贊同的情況時，就會產生蔑視的眼神、不耐煩的腔調、不滿意的手勢……等等表現自己情緒的動作。而這樣的動作和直言的效果沒什麼兩樣，同樣都會為自己招來災難和難堪。

有人說，真正大度的人會虛心接受他人的指正和建議。但其實——多數人不會真的這麼做。大多數人即使表面接受，內心也絕非心甘情願；即使有極少數人能夠容忍妳的任性直言，但她們卻也不可否認地較為喜歡婉轉的提醒。因為未經修飾的直言直語雖然精準陳述了事實，但也等於同時否認了她們的智慧、能力和判斷力，使她們的自尊心受到傷害，甚至在別人面前下不了臺。如果有一天她們逮到機會，絕對不會讓妳好過。

現代女人投入職場的機會比以前多很多，過往可以足不出戶的女人，為了邁向社會，也開始注重自己的人際關係。最容易被忽略的人際交往原則是平等與相互尊重。它們是交際的基礎，卻也是最容易被遺忘的原則。很多時候，多一份尊重，多一份相互的關懷和理解，可以讓言語更加柔和委婉，讓人們的關係更加和諧。如果在人際交往中，總想以強烈的氣勢戰勝別人、征服別人、壓制別人的話，結果通常總是事與願違，身邊的人都紛紛離而去，當不成朋友，還有可能變成敵人。

會說話的女人當碰到不能直接表達的話語時，通常都會用玩笑表達。

這是一種巧妙的轉化，雖然可以化解尷尬、減輕負擔，但是玩笑開過了頭也容易引火自焚。要善用語氣、挑選合適的淺詞用字，才不會讓自己失態又樹敵。

會說話的人通常會先試著了解對方的感覺和背景，這樣一來她們就能巧妙地閃避對方的禁忌，也更能了解說出什麼話較能引起對方注意和共鳴，進而達成自己的目的。

會說話的人在提供意見時，往往會藉由與之相關的假設引導聽者進入話題。會說話的人知道，與其直說「這樣不好」，不如說「如果……是不是更好？」會更婉轉也更為人所接受。同樣的意思，只是換了不同的說法，結果就會截然不同。

直言快語固然有它的力量，但是委婉的說法往往都比直言快語更能令人接受。委婉並不是因為城府過深，也不是懦弱的表現，那是一個人對他人的尊重和體貼，它也同時代表一個人交際的成熟風範。打理好一下妳的外表，再包裝一下妳的言語，那麼妳就是一個善於交際的女人了！

別吝於讚美

人與人之間的親密和諧，往往只需要一份真誠，甚至一句由衷的讚美。對於初次見面的人，留下良好的第一印象，加上一句能觸動她心神的貼切讚美，便能很快縮短兩人的距離。沒有人不喜歡受到讚美，但是如何讚美他人卻是另一門學問。每個人都擁有屬於自己的亮點，如何抓住他人的亮點，並以之為她喝采，便是這門學問的一大重點。

真誠坦白地讚美別人固然能取得不錯的效果，但在背地裡讚美他人卻能得到更好的效果。如果我們當面說人家的好話，對方或許會認為我們是刻意地在奉承她、討好她；但當這些話語透過另一個人傳遞，聽在他人耳裡反而成了真心而誠懇的好話，因為那會減少讚美話語裡帶有私人動機的可能。雖然俗語說「好事不出門，壞事傳千里」，但其實那些我們在背地裡說的好話，也是很容易傳進對方耳朵裡的。

公司裡的張小姐和王小姐十分合不來。有一天，張小姐實在忍無可忍，便對座位旁邊的李小姐說：「妳快去告訴王小姐，我真的很受不了她！要是她不改掉她的壞脾氣，絕對不會有人想理她！」

李小姐聽了，便對張小姐說這件事她會處理。說也奇怪，在那之後每當張小姐遇到王小姐，王小姐總是既和氣又溫柔，和之前火藥味十足的她簡直判若兩人。

張小姐樂見王小姐的轉變，兩人間的氣氛也不再那麼緊張。張小姐認為一定是李小姐清楚地向王小姐傳遞了自己的想法，王小姐才會有這麼大的轉變。

「但是言語的力量真的有那麼大嗎？」這麼想著的張小姐決定向李小

姐問個仔細——她究竟做了什麼，才讓那位王小姐改變如此之多。

李小姐微笑，解答了張小姐的問題：「我和王小姐說：『有很多人稱讚妳，尤其是張小姐。她說妳溫柔大方，而且脾氣和人緣都好得沒話說。』僅此而已。」

責備和批評往往只會帶來更多的怨恨和不滿，同樣一件事，換句話說就可能會有完全不同的效果。透過第三者來讚美他人，這可能是讓雙方關係更好的一座橋梁。試想，假如有人對妳說：「某某人經常說妳是個很了不起的人。」相信妳除了一陣感動，對對方的好感度也會瞬間拉高。

人往往喜歡聽好話，即使有時明知對方說的是奉承話，還是無法否認那些話語令人開心。然而為什麼透過第三者聽來的好話，會比對方直接對妳說的好話來得動聽且印象深刻呢？那是或許因為我們的認知裡，都將當面的讚美當作一種具有利意思量的奉承，而當這些話自第三者口中說出，我們的第一個反應往往都認為那樣的讚美出於真心。也許是因為一來對方並不確定第三者是否會將她對妳的讚美傳遞給妳，所以這是出自真心，想向他人透露妳的好的一種證明；二來則是因為不確定第三者會不會說，所以這樣的讚美是沒有任何私心以及利益考量的。而這兩點因素，都讓背後的讚美比直接的讚美更令人能放心而大方的接受。

別只是說，聽聽他要說什麼

《開元天寶遺事》為五代時期的王仁裕所著。內容記載唐玄宗開元、天寶年間各種故事軼聞奇事，其中一則《解語花》這樣寫著：「明皇秋八月，太液池有千葉白蓮數枝盛開，帝與貴戚宴賞焉，左右皆歎羨。久之，帝指貴妃示於左右曰：『爭如我解語花。』」話語意指再多美麗的花朵，也比不過身邊這位善解人意的美人。

善解人意能為自己加分。倘若美麗的妳真想成為一朵「解語花」，就必須學會傾聽。別以喋喋不休取代沉默，因為如果沒有認真聆聽對方的話語，不管妳有多聰明，都難以「解語」。曾經有人說：「可以有人不被任何讚美迷惑，但卻很少有人能不被專心聽她說話的人迷惑。」每個人都想談論自己的事情，但是有人說也要有人聽，所以傾聽者這個角色就變得十分重要。

有時候，一個人會在特定的時刻說特定的話，但假如沒有專心聆聽，就難以聽出話中含意。有些人就算懂得傾聽的重要，也能擺出聆聽者的姿態，但事實上她們總認真於在想下一句要說什麼，又或者根本沒在聽對方說話，結果不是作出不合宜的回應，就是造成自說自話的窘境。這不只讓場面尷尬，更讓自己難堪，甚至可能因此壞了一段關係。很多時候，我們往往太急於表達自己的意見，以致於忽略了對方在說什麼。傾聽，必須站在對方的立場，用心瞭解對方所想傳達的資訊，然後對她傳遞的訊息作出適當的反應，這能讓對方清楚知道妳有認真地聽她說話，在此同時也能讓對方感受到妳對她的尊重。

傾聽，不僅僅是聽見對方說的話，而是必須專心投入對方的言談。英文裡，表示「聽」的單字有hear和listen，雖然兩個單字都是「聽」，但其中的含意卻大不相同。hear是指單純無留心的聽見，而listen則表示較為專注的聆聽。在傾聽對方話語的同時，應該專如listen，而非可能讓人感覺敷衍感的hear。

每個人都喜歡被尊重的感覺，也希望自己說話的同時有人是專心聽著的。而要怎麼做，才能讓人覺得妳是專心聽著她說話的呢？以下幾點建議可供參考：

一、面帶微笑，表情溫和。溫和的表情往往能激起對方表達的欲望，活躍交流氣氛。試想，當妳面對一位自始至終板著臉、面露不悅、精神不濟的人時，妳還會想向她說些什麼嗎？

二、專注。在對方說話的時候要集中注意力，雙眼直對方的眼睛。這些舉動是表示尊重，也代表妳對她的談話有興趣。停不下的小動作和游移不定的眼神，都是不尊重人的舉動，它們讓人感覺妳無心對談。

三、注意姿勢和小動作。要坐正、站好，不要有沒必要的小動作，如玩頭髮、不停扭動身子，不要背對對方，不要太常作出「嗯」、「啊」等敷衍的應對，那會增加對方的負擔，也容易因此不願意繼續說下去，草草結束話題。

四、給予回饋。表情、眼神、動作、姿態，應隨對方話語中的喜、怒、哀、樂作出相對的反應，明確向對方表示「我正在認真地聽你說話」。假如一直面無表情，沒有反應，那誰又有繼續說下去的興致呢？

五、適時插話。當對方欲言又止時，可透過適當的插話讓話題繼續。透過「談談這件事好嗎？」、「我很想聽聽你的意見……」這類話語能給予對方鼓勵，也能讓對方知道妳對她的話題有興趣。但假如對方的態度是表明了她不想說，就別逼迫對方非得給個說法，適當插話轉移話題也可避免尷尬，讓話題往好的方向延伸。

即便妳是一個能言善道、伶牙俐齒的人，也不能永遠滔滔不絕地發表自己的意見。學會傾聽是很重要的一件事，假如沒有專注地聽，又怎能適切地說呢？話語可以透露許多資訊，是建立友好的橋梁，也是摧毀信任的利刃，要怎麼運用言語的力量，可謂一生的課題。人總是喜歡說，卻不一定有人懂得聽，因此人們對於能聽懂自己話語的人總是多了一分特殊的好感。如果建立一段關心需要交心、要有極高的認同感，那麼聆聽就是了解對方的一項重要管道。唯有透過聆聽去了解一個人、並作出適當的回應，才能留下好的印象、建立良好的關係。

三分傾訴，七分靜默

現代人的生活壓力時常大得超越極限，連帶情緒也就跟著浮躁。許多人憋不住心裡話，不管什麼事都非得找個人說個痛快，甚至還有人不分時間、地點，也不管訴說的對象，總是一股腦地向人傾訴心事。

傾訴確實可以有效緩解壓力，但是說話也要看狀況。好事會想與人分享，壞事也希望找人分憂解勞，但是話不能隨便說，更不能對誰都說。該說的要說，不該說的千萬別說。心事不是人人都懂，也不是每個人都能讓妳信任到將心裡話全盤托出。處理心事要慎重，因為在訴說心事的同時，可能也展現了妳的脆弱面。可以信任的人能成為妳的精神支柱，為妳加油打氣；不能信任的人卻能因此掌握妳的弱點，進而讓它成為擊潰妳的武器。

我們永遠無法完全得知另一個人的所有想法，即便是交往多年的朋友也或許擁有妳所不知的一面。人際關係之所以一直如此複雜，就是因為我們不能完全摸清對方的想法，一個人外在的言行舉止並不完全代表著內心。別輕易將身旁的人當作知心，更別三不五對他掏心掏肺。俗語言「知人知面不知心」，不隨意訴說心裡話便是一種保護自己的方式。

不能隨意向人吐露心事，但是對好朋友總能說了吧？很遺憾，答案一樣不是肯定的。雖然不願意承認，但是人生途中我們沒有「永遠的朋友」，正如同沒有「永遠的敵人」一樣。孔子曰：「不得其人而言，謂之失言。」假如對方與妳的交情不深，妳也暢所欲言，對方將作何反應？關於自己的事，對方願意聽妳說多少？倘若彼此關係淺薄，妳與之深談妳的種種，兩人無法有所共識，還可能讓人覺得莫名其妙；談起對方的種種，妳和他交情不夠深厚，又拿什麼立場與之深談？沒有搞清楚對象與立場，高談闊論、滔滔不絕只會突顯妳的冒昧與無知。

撇開私人生活，有些關於工作職場的心裡話在選擇傾吐的對象和時機時更要格外注意。當妳向人傾訴工作所承擔的壓力以及牢騷，或者對哪個同事的不滿與批評時，這些話或許能讓妳解一時之快，卻也可能造成令妳欲哭於淚的無窮後患，更嚴重的是，搞不好妳還會因為這席話丟了飯碗，連怎麼出局的都不知道。

逢人只說三分話，未可全拋一片心。沒有什麼事不能說，而是太多事沒必要說。說話要看狀況，就像做事求天時、地利、人和，我們在說話前，也得注意對象、時間，和地點，要在對的時間，向對的人，說對的事。智者善聽，愚者善說。專心聽，少說話，不僅對人尊重，也可從談話中獲取更多資訊。即使在對談中有了不同的意見，也要在尊重的前提下，順著對方的思路說出自己的觀點。對於無關緊要的事，也不必非要堅持己見。初到新環境，別急著將所有人都認定為好人。日久見人心，時間久了就會看見人們不同的面像。假如一開始就向他人掏心掏肺，那麼就很可能受傷。「沉默是金」，這話絕非毫無道理。

委婉拒絕

大多數人都拒絕過他人，也都被他人拒絕過。對一個人來說，被人拒絕的滋味不好受，因而拒絕別人也困難重重。也因此，學會如何委婉地拒絕他人變成了另一個人生的重要課題。聰明的人會為自己留後路，而這條後路的其中一個留法就是給對方一個模稜兩可的回答。

某辦公室主任升任經理後，各方開始向他提出許多盛情邀約。許多人都想利用交際跟他攀關係，一開始他因為不想得罪任何人，於是幾乎出席了每場盛會。但時間一久，便發現這樣積極於赴宴不是辦法，工作非但被耽誤，甚至有人以此製造負評。在不想得罪人，又希望可以順利脫身的前提下，他選擇給予邀約的人，一個模稜兩可的答案。

某天，一位同事邀請他出席自己兒子的生日宴會，他不想赴宴，又不能給同事難看，於是便對同事說：「啊——真可惜，那天與老闆有約，不曉得是否能撥出時間……這樣吧，如果當天能在宴會結束前能把工作處理好，我就出席。」

他給了同事一個模稜兩可的答案，為自己留了一條後路。在不傷和氣的情況下巧妙地閃避了同事的邀約。委婉表達拒絕，比直接說「不」更能讓人接受。

幽默感也是拒絕這門學問中重要的一環。

一名推銷員正挨家挨戶地推銷鬧鐘。他按了電鈴，過沒多久屋主便開了門。

他向前來應門的屋主說：「先生，您應該有個鬧鐘，我們公司的這款鬧鐘不僅省電，鈴聲也夠響，絕對能在每個早晨盡責地喚醒您。」

主人笑了笑，回答：「我不需要鬧鐘，我有我的妻子就足夠了，她啊，總能時間一到就『鬧』。」

這位屋主以幽默婉拒了推銷員，而這樣一句話也堵住了推銷員可能喋喋不休的嘴。

如果直截了當的拒絕別人，猶如潑了她一桶冷水，不僅使人難看也讓氣氛尷尬。先承後轉是一種避免正面表述，採用間接主動出擊的技巧。首先進行誘導，讓對方順著自己的話題走，然後抓住時機將話鋒轉開，製造「意外」，讓對方自動放棄過分的要求。

有一位著名的鋼琴家將在巴黎舉行演奏會，一位貴婦對她說：「我十分崇拜妳，但是音樂會的票已經賣光了，妳能替我想想辦法嗎？」

此時，鋼琴家手中也沒有票，她也不想因為一個人更動座位數量的分配，因為對其他購票入場的觀眾不公平。想當然爾，她並不想答應貴婦的請求，但是，她也沒有直接拒絕，因為她知道要是直接拒絕她，事情絕對不會那麼簡單就結束。

她思考了一下，平靜溫和地對貴婦說：「很遺憾，我手上也沒有票。不過，我有一個座位，如果您願意……」

貴婦一聽到有位置，便非常興奮地問道：「那麼，這個位置在哪裡？」

鋼琴家回答：「不難找，就在鋼琴前。」

鋼琴前的座位確實是屬於鋼琴家的，在語意上她滿足了貴婦的期待，但在此同時也間接表達了清楚且委婉的拒絕。這樣的拒絕是幽默風趣又清楚明瞭，不得罪人，但效果十足。

拒絕別人時，要先瞭解對方的個性和目的，試探對方的心理，透過對方可能的反應，引誘對方主動放棄不合理的請求，拒人於無形之中。

有一位從事打字排版工作的小姐，收到男同事寄的情書。她對這位男同事沒有任何感覺，所以在看過信後她便告訴對方，自己目前沒有談戀愛的打算。但對方認為她只是目前沒有談戀愛的打算，並不代表自己完全沒有機會，於是他寫情書給她的頻率逐漸增高，相信總有一天他能追到她——即使他從來沒收過她的回信。

某一天，他終於等到這位小姐的回信，然而，這封信卻讓他對她的愛意瞬間煙消雲散。

這封他苦苦盼著的回信只有一句話：「已完成打字排版。」伴隨著這封信一起寄到男同事手上的，還有他過去所寫的每一封情書，以及這些情書的列印稿件。

故事裡的小姐運用自己的工作，巧妙地拒絕了對方瘋狂的求愛舉動。將對方瘋狂的愛轉化成工作上的一門業務，這樣的方法既不傷及對方自尊，也堅決表明自己目前毫不考慮感情生活地堅決立場，進而讓對方知難而退。

我們隨時可能面對需要拒絕他人的場合。雖然情況未必次次相同，但是只要把握真誠的態度與堅定的立場，在不傷及對方情面的狀況下，很多事情都能迎刃而解。

自嘲解尷尬

誰都不願意被別人嘲諷，但是，有一種名為「自嘲」的嘲諷，卻是一項重要的溝通技巧。適度自嘲不失為一種良好修養，一種充滿張力的交際技巧。自嘲，能製造輕鬆和諧的交談氣氛，有時甚至能有效地維護面子。

假如在重要場合出糗，氣氛說多尷尬就有多尷尬，更別談自己自尊心的損害以及他人眼裡形象的破壞。但若能在此時妥善運用「自嘲」的力量，就能化尷尬為融洽，讓人記得自己的幽默而非糗樣。若要開玩笑，拿自己開刀肯定最安全。因為說的是自己的笑話，不可能得罪誰，而且又能討眾人歡心，何樂而不為？

有時妳陷入窘境是出於自身因素，如外貌上的缺陷、性格上的缺點、言行的失誤……等等，自信的人較能巧妙地維護自尊，自卑的人除了顏面盡失還可能陷入更深的憂鬱。

自身的缺點也可能是交際的有力武器，只要徹底了解自己，並能透過巧妙的自嘲，讓原本會讓自己扣分的缺陷變成為自己加分的優點，就能展現出妳出人意料的自信，助妳迅速擺脫窘境，也加以顯示妳的大方和魅力。

一位女演員在餐廳裡用餐時，有一位老婦人走向她，老婦人站在女演員身旁，仔細端詳著她。過了一段時間，她語帶憐憫地說：「我的上帝呀，看看這可憐的孩子——雖然妳是位女演員，但妳真的不漂亮。」老婦人話裡的酸楚誰都聽得出來，多數人也肯定會大發雷霆，何況一位在線女演員？

但是女演員並沒有生氣，她只是微微一笑，向老婦人說：「的確，上帝造我時肯定出了什麼意外。」

老婦人一聽，神情瞬間變得鐵青，自覺受辱卻無從回應。其他桌的客人聽見女演員的回應全都會心一笑，而這起事件也讓這位女演員的聲望變得更高了。

女演員神情自若，把老婦人帶有攻擊意味的貶低轉化為一抹微笑。她坦承自己的外表缺陷，卻在話裡嘲笑對方的無禮與無知。在粗魯和蠻橫的面前，巧妙地保住了自己的尊嚴，同時又表現出一種豁然大度的寬容氣魄，在精神上戰勝了對方。

不論妳想笑別人什麼，先笑自己。在人際溝通中，自嘲是一帖靈丹妙藥，當不曉得如何處理僵得化不開得尷尬氣氛時，不妨在適當的時機，拿自己開個玩笑，讓氣氛得以緩和——至少罵自己是安全的。如同水能載舟，亦能覆舟。雖然人們討厭被嘲諷，但無法否認的是，自嘲確實擁有很大的力量。自嘲並非一種自我貶低，反而可能在無形中提升自我形象。妥善利用自身的優缺點，學著擅於操縱言語，這些都能讓提升妳的交際技巧，讓妳與人相處更加容易。

表情會說話

溝通不是辯論，它不需要可能連妳都否認的大道理，拼死為妳的立場辯解，溝通要的是讓人能夠認同妳的觀點，進而了解妳的想法。雖然辯論很難，但在某些時候，溝通的難度更勝辯論。在和別人溝通的時候，有很多需要被注意的事情。像是妳的儀表、談吐，是否專注、是否了解話題……然而，除了上述各項，還有幾項因素會徹底影響妳的話語是否會被注意或採信——妳的表情和語調。

妳的同情、關心、厭惡、鄙視、信任、尊重、原諒、理解、包容、排斥、憤怒、反感、欣慰、喜悅……及各種情緒，都會藉由面部表情以及說話的語調透露出來。有時候那並不是刻意的動作或音調，但這些小地方卻是溝通過程中的重要環節。善於運用妳的表情和語調，可以增加說服對方的可能。善於溝通的人，往往會透過自己的表情和語調向對方更加清楚地傳達自己的感情。用對表情，能為溝通大大的加分；用錯表情，不只為溝通扣分，還可能使談判破裂。

在經濟動盪不安的年代，工作難找，但十九歲的蘇菲亞很幸運地在一家高級珠寶店找到工作。身為珠寶銷售員的她，今天是第一次一個人顧店，一位衣衫襤褸的年輕人走入店裡，他看了幾樣飾品，雙眼除了看著蘇菲亞拿到桌上讓他看的飾品，眼神也遊走在玻璃櫃裡的其他商品間。只是，他始終愁容滿面——想必是因為沒錢購買。

電話響了，蘇菲亞為了接電話，一不小心撞翻了盛有幾個戒指的墊子，六枚寶石戒指應聲落地。她慌忙掛掉電話，彎身撿掉落的戒指。但是她只找到其中五枚，遍尋不著第六枚戒指。就在此時，她看到那名少年正慌忙地向門口走去——她知道第六枚戒指在哪裡了。

少年走到門口時，蘇菲亞叫住他，說：「對不起！先生……」

少年轉過身來，問道：「什麼事？」

蘇菲亞看著他帶著僵硬表情的臉，一聲不吭。那名少年又補問了一句：「什麼事？」

蘇菲亞神色黯然地說：「先生，這是我的第一份工作……現在真的很難找到工作，對吧？」

少年緊張地看著蘇菲亞，聽見她說的話，他微微一愣，回答：「是的，的確如此。」

「如果換成你來做這份工作，一定會做得比我更好。」蘇菲亞微笑低語。

少年向蘇菲亞走來，然後深出一隻手，問：「妳願意讓我祝福妳嗎？」

蘇菲亞見狀，立即伸出手，和少年的手握在一起。

她微笑，以溫柔委婉的語氣對少年說：「也請讓我祝福你。」

鬆開手，少年帶著一抹微笑轉身離去。蘇菲亞則走向櫃檯，把手中握著的第六枚戒指放回原處。

面對上述故事發生的這起竊盜案，一般人不是透過大呼小叫要人幫忙抓人，就是惱怒地喝斥對方。而蘇菲亞卻沒有這麼做，她運用溫和的語氣以及平和的表情說服了差點犯下大錯的少年。假如她沒有這麼做，想必除了戒指要不回來，自己還可能遭受對方惱羞成怒或意圖強行奪取的攻擊。

說服力強的人，往往具備一項武器——眼神。眼神能準確的反應一個人的思想與態度。一個眼神往往能抵過千言萬語，因此眼神的使用方式是否得當也事件需要注意的事。我們的視線方向、目光接觸的時間長短都要適度。目光接觸的時間長短，能反映出與對方的親密程度。除了關係非常親近的人之外，一般連續注視對方的時間是在幾秒鐘以內，若是超過可能會引起對方的反感和不安。學生對老師或下級對上級談話時，注視對方的時間可適當延長，因為這是一種信任和尊敬的表現。

此外，作為說話的輔助手段，談話者的表情的合適與否，會影響到談話的效果。而作為談話表現形式的聲調，更是直接影響著談話的結果。嗓音是身體的音樂，語調是靈魂的音樂。科學研究證明，一段話語能否能被公眾接受，內容的重要性僅佔百分之三十，演說者的肢體語言佔百分之二十，衣著打扮佔百分之十，而她的語調卻佔有百分之四十的重要性。由此可證，適當利用妳的表情和語調，能夠增加妳所言話語的精準度及渲染力，它們能讓妳更精準地表達妳的思想和傳遞妳的感情，進而提高理念傳達的可能。

「表達」不只是口語的文字應用，生動的表情和活潑的肢體動作也是一種傳遞情緒的管道。它們深深影響訊息的傳遞，使用得當能為這場談話加分，反之則否，學會適時使用表情為自己的言談加分，更能為話題加添風采、提高記憶程度。

為自己留一條後路

在進行溝通時，請別忘了給自己留一條後路，讓自己可進可退；有時言談是場戰爭，要可攻可守，雖說未必戰無不勝，但至少不會輸地一敗塗地。為了留給自己一條可退的後路，有以下幾點需要注意：

一、話不要說太滿，不要說違背情裡的大話。事物都有自己存在的道理，人事也有自己存在的情理。說話時，如果違背情理，就會產生質疑與謠言。

列車上曾有兩位推銷員對同一商品進行推銷解說。他們推銷的是同一款新產品——螺旋狀的襪子。

為了展示這款襪子的透氣性，第一位推銷員隨手拿起一隻襪子，對乘客說：「麻煩你幫我拉住襪子的一邊，然後用力拉。」銷售員和顧客用力扯起襪子，然後銷售員拿起一根針，在拉得繃直的襪子上來回劃動，襪子沒有損傷。這個時候銷售員十分得意的說：「各位乘客請看，這種襪子除了彈性好，也不容易脫線……」說著，他又拿出打火機，在襪子下輕快地晃動，火苗穿過襪子，而襪子卻一點都沒受到損傷。幾位乘客被引起興趣，他們要來他手上的襪子相互傳看。

一位顧客想測試這款襪子是否真的如此堅韌，於是拿起針，輕輕一劃就在襪子上開了一個洞。原來，如果順著襪子本身的紋理劃的確不易劃破，但也不是劃不破。看見剛剛那個「劃不破的襪子」說法破功，另一位顧客要來打火機，想試試襪子是不是真的不會燒起來。推銷員見狀，緊張地說：「這款襪子並不是不會燒起來，我只是想證明它的透氣性才會拿打火機……」顧客情緒備受影響，沒有人記得襪子本身的良好性能，只對這位銷售員唬人的手法覺得感冒。

而第二位推銷員，也在介紹產品的同時和顧客互動，同時也不斷展示襪子的性能。只是他的說詞和第一位銷售員十分不同，他在拿打火機燒過襪子的時候說：「沒有燒不破的襪子，現在拿打火機燒它，只是想證明它的透氣性。雖然這款襪子的透氣性好、質地堅韌，但它也不是永遠穿不破的。別說它沒用，就是鋼鐵也有磨損的一天，又何況一雙天天踩在腳下的襪子？」這番介紹簡單明瞭而誠意十足，顧客聽得合情合理，也對這樣新產品產生了興趣。他在顧客傳看襪子的同時，還一面說著促銷優惠的價格，銷售成績明顯好於第一位推銷員。

在談話時，儘管是我們握有十足把握的事，也不要把話說得太滿、太絕對。越是絕對的事，就越容易引起他人質疑或挑釁。倘若真有人有意質疑挑釁，就算要他從雞蛋裡挑骨頭都挑得出來。與其給別人一個明確的挑釁理由，不如把話說得委婉，留給自己一條退路。畢竟只要不把話說死，我們就有絕對的空間與之周旋協調。

二、話要說得圓滑。當我們為了某個目的與他人談話時，話就要盡可能說得圓滑委婉。很多時候，說得太直的話正式談判破局得主要敗筆。據理不能蠻橫力爭，直言直語容易給對方難堪，甚至惹惱對方。把話說的圓滑能為自己留下更好的印象，也製造更大的周旋餘地，讓我們能更從容簡易地達到談話背後的目的。

某家旅館的服務人員，發現有一名何姓房客在前一晚已經結帳辦理退房，但他今天仍然住在飯店裡，偏偏這位房客又是經理的好朋友，如果直接問他何時起程離開，會顯得十分不禮貌；但如果不問，又怕佔著房間甚至不支付接下來的住房費用……這位客人實在不好處理。

大家商量後，決定由一位擅長話術的公關部李小姐去和房客談談。

李小姐敲了房客的房門，說：「您好，請問是何小姐嗎？」

「是，請問哪位？」何夫人回答。

「我是公關部的，敝姓李。因為工作繁忙，這幾天沒能好好招呼您，真是不好意思。聽說您前幾天身體不舒服，現在有好一點嗎？」

「已經好多了，謝謝關心。」

「聽說您昨天已經結帳辦理退房，但見您今天沒啟程，我們在想是不是因為這幾天天氣不好，飛機取消影響到您的行程了？」

「啊，昨晚結帳退房是因為我的朋友原本說今天能抵達，原本打算和她一起外出旅遊、到她家作客。沒想到因為氣候不佳，導致班機延後，我也忘了和妳們說要多住幾天，唉，看看我的記憶力……」

「原來如此，那麼我馬上為您重新辦理住房手續，若有其他需要也請不要客氣，儘管告訴我。」

「好的，謝謝，麻煩妳了。」

李小姐去找客人談話，主要目的是要弄清楚他到底要留下或要離開。但這個問題不好開口，弄不好既得罪何夫人，又得罪經理。李小姐的話語表露圓滑與得體，先是寒暄，然後漸漸切入正題，話中沒有尖銳的質問或咄咄逼人的語氣，這也讓何小姐在備受尊重的情況下，向她說明了目前的處境。

無論說話還是做事，都要為自己留條後路，話不可以說得太滿，太絕對，那樣並不會對事情有正面影響，最後反而可能弄得雙方都尷尬，自己也無路可退。話要說得圓滑，貼心，才能在不得罪人的情況下得到自己想要的資訊。

話語和文字都擁有強大的力量，如何善用它們讓自己過得更好，則是我們一生必修的課題。

★ 當我們擁有的愈多，付出竟然愈少　心靈典藏 07

不要對別人求全責備，要懷有感恩的心，感激別人對你提供的一切方便。想保持自己的幸福和喜悅，就必須與別人分享美麗，與大家共同培植幸福。

在別人有困難時，伸出手拉他一把，也許是爲自己的前途鋪平道路。

不管遇到什麼情況，先不要輕易的責怪別人。如果能設身處地的去考慮問題，對別人多一些同情和瞭解，就能避免許多誤會，也能避免給別人帶來傷害。

★ 懂得放下，才知人生多漂亮　成長階梯 35

你所具有的最重要的資本就是人生態度。

實現夢想的重要條件，就是願意付出必要的努力。

你對目標的態度，而不是你的智能，決定你成就的高度。

把握好今天，我們才擁有一個真實的自己。

★ 你！這樣說就對了：看穿人心的說話技巧　社會大學 19

在現實生活中，說真話往往沒有比說謊話容易被人稱作老實。只要你說的這個謊話對別人有利，那麼別人必定會說你很老實。從另一個角度來看，有些人之所以喜歡聽好聽的謊話，主要是因爲他們寧願你說謊話欺騙他，也不想聽到會讓他心裡受到傷害的真話。

或許，就是因爲這些緣故，我們經常會被迫說出某些自己根本不想說的應酬話，不得不睜著眼說瞎話，不得不說上一些連自己都不可能相信的「鬼話」。

★ 放下是對自己的一種慈悲　生活禪 15

安詳是處事第一法，謙退是保身第一法，涵容是處人第一法，灑脫是養心第一法。

困擾我們的不是生活，而是超負荷的心靈。帶著心靈的枷鎖行走，永遠走不出困擾；定期清掃你的心靈，不要讓塵埃將它填滿。

★ 心生慈悲處處都是快樂　生活禪 16

「但願眾生得離苦，不爲自己求安樂」

人們的煩惱與痛苦，大多來自於“我”，因爲我執深重，因此養成了自私的習氣，心念常在比較中，生活便有許多是非與煩惱。

什麼時候才能放下“我”？

唯有把別人看得比自己更重要的時候！

★ 捨不得，放不下　生活禪 17

醉心於功利，便被「名韁利鎖」縛住；斤斤於褒貶毀譽，必會患得患失。野心勃勃、貪得無厭、爭權奪利、勾心鬥角，哪一個不是伴隨著煩惱焦慮、憂愁驚恐、嫉妒猜疑？重要的是自我解脫，而不是求人解脫。

★ 換一個方式思考人生　成長階梯 34

相信自己，你就是一顆璀璨發光的鑽石，隨著歲月的磨練，必將綻放耀眼的光芒。要學會珍惜，因爲失去之後，將再也回不來。

現在的位置不能說明什麼，只要不斷的吸收知識，未來一定充滿期待。

該放手時不要猶豫，放下未必就是失去，得到也不一定代表幸福。

★ 老婆使用說明書　人生視野 23

爲確保您的權益，請仔細閱讀本說明書。若不按照使用說明而發生問題，本公司一概不負責任。

如果你已經購買了老婆這項產品，卻未能達到幸福的感覺，甚至換了幾次貨也成效見微……只要說出問題，這本說明書就能給出滿意的回答！

在俱樂部裡，一群壓抑的老公們，對著一本神奇的使用說明書發洩著對老婆情緒的不滿……

★ 老公使用說明書　人生視野 24

爲確保您的權益，請仔細閱讀本說明書。若不按照使用說明而發生問題，本公司一概不負責任。

如果妳已經購買了老公這項產品，卻未能達到幸福的感覺，甚至換了幾次貨也成效見微……只要提出問題，這本說明書就能給出滿意的回答！

在私底下，一群憤怒的老婆們，對著一本神奇的使用說明書發洩著對老公情緒的不滿……

★ 被嘲笑不可怕，可怕的是連自己都不知道　心靈典藏 06

不管你的處境如何，都要懷有一個美好的願望，不斷努力去改變自己。也許，你不能實現所有的夢想，但是，你的生活會因你的努力而變得更加美好，更加精彩。如果一個人沒有目標，就只能在人生的旅途上徘徊，永遠到不了想去的地方。

“我們會成爲什麼樣的人，會有什麼樣的成就，就在於先做什麼樣的夢”有了夢想，制定出明確的目標，才能成爲你想成爲的人。

★ 越是奢求，越發現自己一無所有　心靈典藏 05

世上沒有圓滿的人生，生活的殘缺是沒有辦法的事。但是，損傷和缺憾往往是我們進入另一種美麗的契機。只要暫時忘記自己，努力爲別人去做點什麼，會覺得自己的心境開闊多了，也更懂得人生的價值

有時候，我們被迫放棄一些彌足珍貴的東西而心甘情願的接受不完美，只是爲了讓生活在苦難的淬煉下，閃爍出更美的光芒。

★ 原來，沒有理所當然的幸福　心靈典藏 04

只有我們才明白自己要的是什麼、在乎的是什麼。

要別人去揣測你的心理，是我們無法企求的……與其這樣，不如把自己內心的渴望說出來，把誠實的幸福感受說出來，把願意與人分享的快樂拿出來，當然還包括能夠真實執著你的夢想與追求……

不用把自己等同於其他人，不要輕易否定自己；人生成功的支點，常常就在於面對別人的紛紛否定，而自己的心靈卻從不迷失，堅定的做自己主人。

★ 生命裡的放過　　正面思考 32

生命中有許多東西是需要放過的。

放過是一種境界，是一種高度。

放過，有時是爲了求得一份心靈的安寧，有時是爲了獲得一個更廣闊的天空。曾經的幸福與傷痛都可以成爲心靈的珍藏。

★ 想要改變別人，先要改變自己　　成長階梯 33

快魚吃慢魚，下一個淘汰誰？希望那個人不是你。

我命由我不由天！出生時貧窮不是我們的過錯，死時貧窮才是我們的罪過。低調是最佳的炫耀，成績只能代表過去，未來還需努力。

★ 人氣王說話術　　社會大學 18

說話是一種藝術，也是一種技巧，我們必須認清這種巧妙的方法，然後才能獲得成功。當眾講話時要顧及聽眾的反應，話要說到點子上，千萬別像懶婆娘的裹腳布─又臭又長，更不可以自己爲中心。

大拓 讀者回函卡

謝謝您購買這本書。
為加強對讀者的服務，請您詳細填寫本卡，寄回**大拓文化**；並請務必留下您的E-mail帳號，我們會主動將最近"好康"的促銷活動告訴您，保證值回票價。

書　　名：女人的幸福投資學
購買書店：________市／縣________________書店
姓　　名：________________　生　　日：______年____月____日
身分證字號：________________________
電　　話：(私)________(公)________(手機)________
地　　址：□□□□□ ________________________
E - mail：________________________
年　　齡：□ 20歲以下　□ 21歲～30歲　□ 31歲～40歲
□ 41歲～50歲　□ 51歲以上
性　　別：□ 男　□ 女　婚姻：□ 單身　□ 已婚
職　　業：□學生　□大眾傳播　□自由業　□資訊業
□金融業　□銷售業　□服務業　□教職
□軍警　□製造業　□公職　□其他
教育程度：□國中以下（含國中）　□高中以下
□大專　□研究所以上
職 位 別：□在學中　□負責人　□高階主管　□中級主管
□一般職員□專業人員
職 務 別：□學生　□管理　□行銷　□創意　□人事、行政
□財務、法務　□生產　□工程　□其他________

您從何得知本書消息？
□逛書店　□報紙廣告　□親友介紹
□出版書訊　□廣告信函　□廣播節目
□電視節目　□銷售人員推薦
□其他________________________

您通常以何種方式購書？
□逛書店　□劃撥郵購　□電話訂購　□傳真訂購　□信用卡
□團體訂購　□網路書店　□DM　□其他________

看完本書後，您喜歡本書的理由？
□內容符合期待　□文筆流暢　□具實用性　□插圖生動
□版面、字體安排適當　□內容充實
□其他________________________

看完本書後，您不喜歡本書的理由？
□內容不符合期待　□文筆欠佳　□內容平平
□版面、圖片、字體不適合閱讀　□觀念保守
□其他________________________

您的建議：
____
____

剪下後請寄回「22103 新北市汐止區大同路三段194號9樓之1 大拓文化收」

請用膠帶黏貼

廣告回信
基隆郵局登記證
基隆廣字第057號

221-03

新北市汐止區大同路三段194號9樓之1

大拓文化事業有限公司

編輯部　收

請沿此虛線對折免貼郵票，以膠帶黏貼後寄回，謝謝！

為您開啟知識之殿堂